は じ め に

JN106962

　本書は文部科学省検定済教科書『ビジネス・マネジメント』（商業707）の学習用教材として作成されたものです。中間試験や期末試験のみならず，商業経済検定対策としても活用できます。教科書の内容をより深く理解し，知識を確実なものとするために利用してください。

① 　学校内でおこなわれる中間試験や期末試験は，教科書と授業内容にもとづいて出題されます。わからないところは，先生に質問したり自分で調べたりして，よく理解しておきましょう。

② 　ノートの作成方法などについても，ただ単に黒板の文字を写すだけでなく，自分なりにいろいろと工夫してみましょう。

③ 　商業経済検定は，文部科学省検定済教科書の記述内容にそって出題されますから，受検しようと思う人は，教科書の文章や図をしっかり理解しましょう。商業経済検定に限らず，資格試験のほとんどは過去に出題された問題を実際に解いてみることが，最も効果的な対策となります。このワークブックは，商業経済検定の対策としても活用できるように，商業経済検定で実際に出題された問題を「発展問題」として記載していますから，腕試しに解いてみましょう。

④ 　「ビジネス・マネジメント」では，ヒトやモノ，カネや情報といった経営資源を最適な組み合わせで活用していくことを重視しています。実際の企業の事例を教科書でも本書でも取り扱っていますが，経営資源をいかに組み合わせて活用しているのかという視点で，読み解いていきましょう。

⑤ 　マネジメントそのものは，組織と戦略が存在するところでは常に必要とされるものです。実際の企業の事例を新聞などで調べて，知識や考え方をさらに深めていきましょう。

　このワークブックでみなさんの「ビジネス・マネジメント」に対する理解が深まり，ビジネスの創造と展開につながることを切に願っています。

編著者一同

もくじ
Contents

マネジメントの役割①

① ビジネスの担い手としての企業　② ビジネスの拡大と株式

● 生産や流通などのビジネスを担っている経済主体を企業という。
● 株式会社はより大きなビジネスを可能にする。

:::::::::::::::::::::::::::::: 基本問題 ::::::::::::::::::::::::::::::

問1 次の文章の空欄に適切な語句を入れなさい。

(1) 私たちの経済社会において，生産や流通などのビジネスを担っている経済主体を（　①　）という。

(2) 会社の設立や機関設計，株式の発行などについて定めた法律を（　②　）という。

(3) 共同企業のうち，（　②　）に基づいて設立され，（　③　）を目的とするものを会社という。

(4) 会社の所有権を細かく分けた株式を保有している人や法人を（　④　）という。

(5) （　④　）は原則として1株につき1議決権を（　⑤　）で行使できたり，保有している株式の数に応じて（　⑥　）を受け取ったりすることができる。

(6) 株式は，（　⑦　）で売買されている。

①	②	③	④
⑤	⑥	⑦	

問2 次の文章の下線部ついて，正しい場合には○を，誤っている場合は正しい語句を記入しなさい。

(1) 合名会社・合資会社・<u>株式会社</u>を総称して持分会社という。

(2) 会社は出資者とは別に，それ自体が法律上の権利主体となるので，<u>法人</u>ともいう。

(3) わが国の会社のうち90％以上が株式会社であり，その大部分が資本金<u>5億円</u>以下の中小規模の会社である。

(4) 株式の価格である株価は，その会社の株式に対する<u>需要量と供給量</u>によって決まる。

(5) 株式を多く買い集めるほど，その会社への発言力が増加するので，「会社は<u>経営者</u>のものである」という考え方が伝統的にある。

(1)	(2)	(3)	(4)	(5)

~~~~~~~~~~~~~~~~~~~~~~~~~~~~~~ 応 用 問 題 ~~~~~~~~~~~~~~~~~~~~~~~~~~~~~~

問　会社の形態について，次の図の空欄にあてはまる語句を解答群から選びなさい。

	株式会社	持分会社		
		合名会社	①	合同会社
所有と経営の分離	経営者を出資者から選ぶ必要がない	経営者を出資者から選ばなければならない		
出資額に対しての出資者の責任	②	③	無限責任有限責任	④

[**解答群**]　ア．無限責任　　イ．有限責任　　ウ．合資会社　　エ．株式会社

　　　　　　　　　　　　　　①　　　　　②　　　　　③　　　　　④

════════════════════════════ 発 展 問 題 ════════════════════════════

問　次の文章を読み，問いに答えなさい。　　　　　　　（商業経済検定第4回一部修正）

　会社の形態には，個人企業をはじめとして，合名会社・合資会社・合同会社・株式会社などがある。そして，会社の形態の違いによって，マネジメントにはそれぞれ異なる特徴がみられる。たとえば，会社のなかでも代表的な形態である株式会社では，(a) 会社に対する所有権を細かく分割していること，(b) 出資者の責任は有限責任であること，(c) 経営者を出資者から選ぶ必要がないことなどが特徴である。

(1)　下線部 (a) の理由として，最も適切と思われるものを次のなかから一つ選びなさい。

　　ア．株式が株式市場で売買されることにより，企業の価値が高まり，商品やサービスが売れるから。

　　イ．所有権を細かく分割することによって，経営の民主化を促進することができるから。

　　ウ．出資者は所有権が細かく分けてあるので出資しやすくなり，企業にとっては資金の調達が容易になるから。

(2)　下線部 (b) の説明として，最も適切と思われるものを次のなかから一つ選びなさい。

　　ア．出資者 (株主) は有限責任なので，原則として会社の財産と出資者の財産との間には密接な関係はない。

　　イ．株式会社の経営者は，ふつうの株主とは立場が異なるので，社会的責任の観点から常に無限責任を負わなければならない。

　　ウ．法律的には出資者 (株主) は有限責任だが，代表権のある経営者になった場合には，道義的に常に無限責任を負う。

(3)　会社の形態別の法人の数で，一番多い会社の形態とそれに次ぐ会社の形態の組み合わせとして最も適切なものを一つ選びなさい。

　　ア．①合資会社　②株式会社　　イ．①株式会社　②合同会社

　　ウ．①合同会社　②合資会社　　エ．①株式会社　②合名会社

マネジメントの役割②

③ 株式会社のはじまり　④ 利害関係者（ステークホルダー）

● 株式会社は長期的に資金を蓄積し，損失のリスクを軽減しながら発展してきた。
● 会社が成長するにつれて，利害関係者（ステークホルダー）が増えてくる。

∷∷∷∷∷∷∷∷∷∷∷∷∷∷∷∷∷∷∷∷ 基本問題 ∷∷∷∷∷∷∷∷∷∷∷∷∷∷∷∷∷∷

問1　次の文章の空欄に適切な語句を入れなさい。

(1)　株式会社のはじまりには諸説あるが，1602年にオランダで設立された（　①　）会社だとする説がある。

(2)　株式会社では，出資者は定期的に（　②　）を受け取ることで，投資の対価を得ることが可能となる。

(3)　世界的な電機メーカーを創業した松下幸之助は，「企業は社会の（　③　）」という言葉を残している。

(4)　会社を支配する人と経営する人が別の人によって担われることを所有と（　④　）の分離または（　⑤　）と（　④　）の分離などという。

(5)　複雑な経営環境に対応するために，会社の確実な運営をする経営の専門家のことを（　⑥　）という。

(6)　会社が経済社会で果たしている役割には，（　⑦　）やサービスを提供する役割，（　⑧　）を雇用して賃金を支払い，生活を安定させる役割などがある。

(7)　仕事上のやりがい，家庭生活，地域社会，個人の成長などのバランスのことを（　⑨　）・バランスという。

①	②	③	④
⑤	⑥	⑦	⑧
⑨			

問2　次の文章が正しい場合は〇を，誤っている場合は×を記入しなさい。

(1)　一つの航海ごとに多数の出資者から資金を集めて，航海のつど利益を分配する方式だと，きわめて迅速に利益を蓄積することができる。　　　　　　　　　　　　（　　　）

(2)　株式会社は社会に狭く集中して存在している多くの出資者から資金を集め，より大きなビジネスを実現するしくみである。　　　　　　　　　　　　　　　　　　　（　　　）

(3)　ビジネスが拡大し，会社が大きく成長すればするほど，その会社と利害関係をもつ人や組織も増えてくる。　　　　　　　　　　　　　　　　　　　　　　　　　　（　　　）

(4)　専門経営者は株主の利益を第一に考えて，経済社会に及ぼす影響などは考慮する必要はない。　　　　　　　　　　　　　　　　　　　　　　　　　　　　　　　　　　　（　　　）

(5)　会社は経済的な利益だけではなく，環境汚染やエネルギー消費などの地球環境問題への配慮といった，持続可能な社会の実現に向けた担い手としての役割が求められている。
　　　　　　　　　　　　　　　　　　　　　　　　　　　　　　　　　　　（　　　）

(6)　会社には多くの利害関係者が存在しているが，利害関係者をないがしろにしても成長を遂げることは容易である。　　　　　　　　　　　　　　　　　　　　　　　　　（　　　）

発展問題

問　次の文章を読み，問いに答えなさい。　　　　　　　　（商業経済検定第3回一部修正）

　私たちの生活している産業社会（資本主義社会ともよばれる）において，企業は大きな役割を果たしている。私たちは，多くの場合，企業を通して所得を得て，企業が提供する商品やサービスによって欲望を満足させている。特に (a) 株式会社の果たす役割は大きい。

　こうした企業というものをみていく場合，(b) 私的側面と公的側面，組織としての企業，(c) 企業の社会性といった三つの側面について十分に理解しておく必要がある。

(1)　下線部 (a) について，経営者は必ずしも出資者でなくてもよいとされている。このことを何というか，最も適切と思われるものを次のなかから一つ選びなさい。
　　ア．経営者革命　　　イ．所有（出資）と経営の分離　　　ウ．リストラクチャリング

(2)　下線部 (b) の説明として，最も適切と思われるものを次のなかから一つ選びなさい。
　　ア．企業には経済的な利益を追求するという私的側面に加えて，持続可能な社会の実現に向けた担い手という公的側面がある。
　　イ．企業には商品やサービスを提供するという私的側面に加えて，道路など社会が生み出した資源を利用するといった公的側面がある。
　　ウ．企業にはワークライフバランスの追求といった私的側面に加えて，出資者の損失のリスクを軽減するという公的側面がある。

(3)　下線部 (c) の説明として，最も適切と思われるものを次のなかから一つ選びなさい。
　　ア．企業にとっては利益の追求が第一であり，利益を追求することによって社会が発展する。
　　イ．企業はそれ自体独立した存在であり，消費者・株主・仕入先・債権者などとは競合関係にある。
　　ウ．企業は社会的存在（社会の公器）であり，社会とともに発展していかなければならない。

第**1**節

マネジメントの役割③

⑤ 企業の発展とマネジメントの役割　⑥ ビジネスとマネジメント

学習の要点
● 組織全体の立場から経営資源を効率的に管理して活用することをマネジメントという。
● 長期的に企業が存続，成長するためにはマネジメントが重要である。

:::::::::::::::::::::::::: **基 本 問 題** ::::::::::::::::::::::::::

問1　次の文章の空欄に適切な語句を入れなさい。

(1)　（　①　）とは，組織の目標や目的を設定して，それを達成するために，組織全体の立場から経営資源を効率的に管理して活用することをいう。

(2)　経営学者のドラッカーは，（　①　）について，組織に成果をあげさせるための道具・（　②　）・機関と定義した。

(3)　企業を経営するために必要なヒト，モノ，カネ，情報などの要素や能力を（　③　）という。

(4)　会社という形態をつくらず，個人事業としてビジネスを始めることを（　④　）といい，法律に基づいて会社をつくることを（　⑤　）という。

(5)　証券取引所で，株式が売買されるようになることを（　⑥　）という。

①_____　②_____　③_____　④_____

⑤_____　⑥_____

問2　次の文章が正しい場合は○を，誤っている場合は×を記入しなさい。

(1)　マネジメントを遂行する人をマネージャーという。　　　　　　　　　　　（　　　　）

(2)　ジョン・コッターによると，効率的な組織運営をおこなうようにする機能がリーダーシップで，組織の変革を推し進める機能がマネジメントとなる。　　　　　　（　　　　）

(3)　企業が長期的に存続，成長していくためには，利益をあげることよりも，社会から求められている役割を果たすことのほうが重要である。　　　　　　　　　　　（　　　　）

(4)　事業を拡大するために資金を調達する場合，個人企業よりも株式会社のほうが信用を得られやすい。　　　　　　　　　　　　　　　　　　　　　　　　　　　　　　（　　　　）

(5)　社会から求められる商品やサービスの提供を割高な価格でおこなったが，商品やサービスの提供をおこなっている以上，社会貢献をしていることになる。　　　　　（　　　　）

〜〜〜〜〜〜〜〜〜〜〜〜 **応 用 問 題** 〜〜〜〜〜〜〜〜〜〜〜〜

問　次の文章を読んで，問いに答えなさい。

　マネジメントには，組織の社会的役割の認識と遂行や人の育成と活用などの役割が求められて

いる。たとえば，ある回転寿司店では，(a) 顧客の健康を最優先することが外食産業の使命と考えたマネジメントや，(b) 従業員の適切な配置を考えたマネジメントなどを展開している。

(1) 下線部（a）の説明として，最も適切なものを次のなかから一つ選びなさい。

ア．食材に化学調味料や人工甘味料などを使用しない寿司を提供すること。

イ．情報通信技術を活用することによって効率化を図り，売上高を伸ばすこと。

ウ．株式上場することによって，資金についての不安を解消すること。

(2) 下線部（b）の説明として，最も適切なものを次のなかから一つ選びなさい。

ア．回転寿司店の店長に従業員の接客指導や販売管理に加えて，寿司の調理も全面的に任せることで責任をもたせること。

イ．個人事業を株式会社にすることによって従業員の不安を軽減し，売上高を伸ばすこと。

ウ．従業員それぞれの強みを伸ばし，弱みを補えるような学習の機会や責任ある仕事を与えること。

発 展 問 題

問　次の文章を読んで，問いに答えなさい。　　　　　　　　　（商業経済検定第4回一部修正）

企業規模の巨大化が(a) 組織の硬直化を招き，時には結果として，企業が反社会的行動に及んだり，また，企業活動が，自然環境と密接に関連して社会に大きな影響を及ぼしたりといったことがあった。これにともない，企業の存在価値そのものまでも問われるような問題さえ発生してきている。このようななかで，今日，(b) 企業の社会への貢献や社会的役割の問題が問われるようになり，経営上の一つの課題となっている。

(1) 下線部（a）のケースとして考えられるものはどれか，次のなかから適切なものを一つ選びなさい。

ア．X会社では，経営の多角化や組織の巨大化にともない，製品別に組織を編成し，経営成績は向上したが，組織全体としての調和はとれなくなった。

イ．Y会社では，情報通信技術を活用してさまざまな改善をおこない，顧客の要望に応えるようにしたが，従業員の多くを配置転換することにした。

ウ．Z会社では，自社製品の欠陥のせいで消費者が死亡するという事故が発生したにもかかわらず，その事実が社長の耳に達していなかったため，会社としての有効な対策が遅れた。

(2) 下線部（b）の内容として，あてはまるものを次のなかから1つ選びなさい。

ア．売上高を増やすために，消費者にとっては不必要な商品についても広告活動を強化して販売をおこなう。

イ．利益をあげるため，時には不公正な手段を用いても商品を生産し，販売をおこなう。

ウ．企業の利益が犠牲になっても，環境汚染や破壊を引き起こさない努力をする。

マネジメントの役割④

⑦ 日本の伝統的経営とマネジメントの課題

● 多くの企業では，日本的経営の変更を余儀なくされている。
● 雇用形態も変化し，非正規雇用が増加している。

∷∷∷∷∷∷∷∷∷∷∷∷∷ 基本問題 ∷∷∷∷∷∷∷∷∷∷∷∷∷

問1　次の文章の空欄に適切な語句を入れなさい。

(1)　日本的経営の特徴として，年功序列型賃金・（　①　）・企業別労働組合がある。

(2)　仕事の成果に応じて，賃金や昇進を決定する人事方針のことを（　②　）という。

(3)　企業同士あるいは企業と金融機関とが相互に株式を長期的に保有することを株式の
（　③　）という。

(4)　企業が特定の主力取引銀行と重点的に取引して，安定的な関係を形成することを（　④　）
制度という。

(5)　最近では短期的な業績評価指標である（　⑤　）（自己資本利益率）という財務指標が重視
されるようになっている。

①_____　②_____　③_____

④_____　⑤_____

問2　次の文章が正しい場合は○を，誤っている場合は×を記入しなさい。

(1)　成果主義を採用すると，勤続年数を重ねると賃金も上がっていくため，企業への帰属意識
と仕事の意欲を高められる。　　　　　　　　　　　　　　　　　　　　　（　　　）

(2)　わが国で1955（昭和30）年から1973（昭和48）年頃にかけて経済の規模が急激に拡大した
ことをバブル経済という。　　　　　　　　　　　　　　　　　　　　　　（　　　）

(3)　パートタイマー，アルバイト，派遣社員などの有期雇用を非正規雇用という。　（　　　）

(4)　これまでの日本の経営システムでは，企業の資金（カネ）を銀行の借り入れに依存してい
たことなどを背景に，株主を軽視した経営がおこなわれやすかったという問題点がある。

　　　　　　　　　　　　　　　　　　　　　　　　　　　　　　　　　　（　　　）

(5)　非正規雇用が増えると，一般に企業にとっては人件費の負担が増えて，景気や業績変動に
も対応しにくくなる。　　　　　　　　　　　　　　　　　　　　　　　　（　　　）

(6)　非正規雇用の雇用条件は，正規雇用と比べると劣ることが多く，正規雇用と非正規雇用の
格差が問題となっている。　　　　　　　　　　　　　　　　　　　　　　（　　　）

(7)　雇用機会の創出や雇用条件の均等は，政治的な問題なので企業が取り組むべきマネジメン
トの課題とはならない。　　　　　　　　　　　　　　　　　　　　　　　（　　　）

問　次の文章を読んで，問いに答えなさい。

　長野県伊那市にあるＩ社では，バブル経済崩壊後も (a)年功序列型賃金と (b)終身雇用制を採用している。ほかの日本の多くの企業では，こうした日本的経営の変更を余儀なくされたが，Ｉ社では日本的経営によって，生産性の向上につなげようとしている。

(1)　下線部 (a) の説明として，最も適切と思われるものを一つ選びなさい。

　　ア．仕事の成果に応じて，賃金や昇進を決定する制度。

　　イ．仕事をした時間に応じて，賃金の支給額を決める制度。

　　ウ．年齢や勤続年数に応じて賃金が上がっていく制度。

(2)　下線部 (b) の説明として，最も適切と思われるものを一つ選びなさい。

　　ア．人材派遣会社などから労働者を派遣してもらうしくみ。

　　イ．毎年４月に新卒者を定期採用し，定年まで雇用するしくみ。

　　ウ．人手が不足しているときに短期でパートタイマーなどを雇用するしくみ。

発 展 問 題

問　次の文章を読んで，問いに答えなさい。　　　　　（商業経済検定第３回一部修正）

　わが国の企業経営の特徴を労務管理の面からみると， (a)終身雇用制， (b)年功序列型賃金，□□□労働組合の三つがあげられる。終身雇用制は，いったん企業に就職した従業員は原則的に定年まで身分を保証されるといった特徴をもつ。この終身雇用制の基盤のうえに，年功序列型賃金や□□□労働組合などが成立している。

(1)　文中の□□□にあてはまる適切な語句を漢字３文字で記入しなさい。

(2)　下線部 (a) について，この制度がわが国の企業経営におよぼした長所について，最も適切と思われるものを一つ選びなさい。

　　ア．従業員の企業への帰属感を高め，優れた技能や技術の蓄積を可能にした。

　　イ．労務費に伸縮性を与え，非正規雇用の増加につながった。

　　ウ．若年労働者層を大量に吸収し，学歴による賃金格差が発生しなかった。

(3)　下線部 (b) について，この制度の維持が困難になり，多くの企業が成果主義を採用するようになった理由として，最も適切と思われるものを一つ選びなさい。

　　ア．情報通信技術の発達により，生産部門よりも管理部門の労働者が増加したため。

　　イ．高い能力であっても賃金が上がりにくいと有能な従業員が企業を離職するため。

　　ウ．若年労働者層が急激に増加し，賃金に対する不満が強まったため。

イノベーションの重要性①

① 新たな利益をもたらすイノベーション　② 新しい商品の開発
③ 新しい生産・流通・販売の導入

学習
の
要点

● 新しい技術や新しいアイデアなどから，社会的な価値を生み出すことをイノベーションという。
● 生産・流通・販売の方法を変えるイノベーションは，企業の利益に貢献している。

:::::::::::::::::::::::::::::::::: 基本問題 ::::::::::::::::::::::::::::::::::

問1　次の文章の空欄に適切な語句を入れなさい。

(1)　シュンペーターは，ヒト・モノ・カネ・情報などをそれまでとは異なる方法で「（　①　）」することによって，古いものを破壊して，新しいものを創造していく「（　②　）」がイノベーションであると定義した。

(2)　日本の自動車メーカーによって考案された，必要なものを，必要な時に，必要な数量だけ生産する方法を（　③　）という。

(3)　商品の仕入れから販売までの流れを最適化して，無駄な在庫を減少させるために複数の企業間で統合的な物流システムを構築することを（　④　）マネジメントという。

(4)　主に衣料品の企画から生産，販売までを同一企業内でおこなう形態を（　⑤　）（製造小売業）という。

(5)　あるコンビニエンスストアでは（　⑥　）を採用し，顧客がいつ・何を買ったのかを記録して，売れる商品や売れるタイミングを把握している。

①	②	③
④	⑤	⑥

問2　次の文章が正しい場合は○を，誤っている場合は×を記入しなさい。

(1)　社会に新たな価値をもたらしているかどうかは関係なく，新しい技術やアイデアを発明することをイノベーションという。　　　　　　　　　　　　　　　　　　　　　　（　　　）

(2)　スマートフォンは，これまであったものをなくすという発想から生まれたイノベーションである。　　　　　　　　　　　　　　　　　　　　　　　　　　　　　　　　（　　　）

(3)　製造小売業では，大量生産と大量販売による価格の引き下げは実現できるが，流行のデザインなど顧客のニーズをとらえることは難しい。　　　　　　　　　　　　　　　（　　　）

(4)　販売において，顧客管理や商品管理のイノベーションは顧客のニーズを把握して，それに合わせた商品の提供を実現したが，一方で過剰な在庫を抱えることにもつながっている。
　　　　　　　　　　　　　　　　　　　　　　　　　　　　　　　　　　　　　　（　　　）

問　次の文章を読んで，問いに答えなさい。

　1926（昭和元）年に刊行された『経済発展の理論』のなかで，ヨーゼフ・シュンペーターは，ヒト・モノ・カネ・情報の組み合わせによって生み出される新しい商品や生産方法，販売方法などを⬚とした。たとえば，回転寿司は伝統的な和食とベストコンベアの技術を組み合わせた点で，その例といえる。また，(a) 原材料から部品の調達，製造や販売までを一連のプロセスとして効率的に運営する方法や (b) 必要なものを，必要な時に必要な数量だけ生産する方法などもその具体例である。

　こうした一連の取り組みは，すべてビジネスにおける成功の「鍵」であり，私たちの日々の暮らしに大きな変化をもたらすものである。

(1)　文中の⬚にあてはまる語句をカタカナ7文字で記入しなさい。

(2)　下線部 (a) のことを何というか，最も適切と思われるものを一つ選びなさい。
　　ア．デルシステム　　　イ．製造小売業 (SPA)　　　ウ．サプライチェーンマネジメント

(3)　下線部 (b) のことを何というか，最も適切と思われるものを一つ選びなさい。
　　ア．POSシステム　　　イ．ジャスト・イン・タイム　　　ウ．コスト・マネジメント

問　サプライチェーンマネジメントの説明として，次のなかから適切なものを一つ選びなさい。

（商業経済検定第31回一部修正）

ア．複数の企業間で，業務を部分的に最適化することによって，自己の利益の最大化をはかること。

イ．複数の企業間で，業務をアウトソーシングすることで，効率改善やコストダウンをはかること。

ウ．複数の企業間で，業務の流れ全体を最適化することにより，納期短縮や不要な在庫の削減をはかること。

イノベーションの重要性②

④ 新しいビジネスモデルによる市場の開拓

学習の要点
● 情報通信技術の発達は，既存のビジネスモデルを変革した。
● 新しいビジネスモデルの構築は，企業の持続的な成長に結びつく。

基本問題

問1　次の文章の空欄に適切な語句を入れなさい。

(1) Amazonなどの通信販売業者は，インターネット上に仮想店舗を設けて，現実の店舗の数百倍の（　①　）を可能にし，的確な（　②　）（お勧め）が表示されるようにした。

(2) Amazonなどの仮想店舗に注文すると，その当日や翌日には商品が配送される。これを（　③　）という。

(3) ある分野のなかで，よく売れている商品のことを（　④　）という。

(4) 「隙間」的な分野や市場のことを（　⑤　）という。

(5) 売上高の上位20％の商品が売上高の約80％を占めることを（　⑥　）の法則という。

①	②	③
④	⑤	⑥

問2　次の文章の下線部について，正しい場合には○を，誤っている場合は正しい語句を記入しなさい。

(1) グラフの横軸に取扱商品，縦軸に販売数量をとって売上高を分析してみると，恐竜の尾のような計上になることから，販売数量が希少な商品を販売して売上高をあげることを<u>ショートテール</u>戦略という。

(2) <u>ドラッカー</u>はイノベーションの機会を七つに分類している。

(3) イノベーションの機会のうち，朝の時間を充実させたいと考える会社員のために，朝から英会話を学べるサービスが誕生したことは，<u>「ニーズの存在」</u>にあたる。

(4) 定年退職後も働きたい高齢者が増加したので，高齢者の就職を斡旋するサービスが増加したのは，<u>産業構造の変化</u>によるものである。

(5) 「予期せぬことの生起」のほうが，「新しい知識の活用」よりも，イノベーションの機会という観点では信頼性と確実性は<u>低い</u>。

(1)	(2)	(3)	(4)	(5)

問3 次の文章で正しいものには〇を，間違っているものには×をつけなさい。

(1) かつての小売業者は敷地や倉庫に限界があるので，あまり売れない商品も幅広く店舗に陳列して，小さな売上高を積み上げることで，巨額の売上高をあげるようにしていた。

(　)

(2) 一部の売れ筋に売上高のほとんどを頼る戦略だと，その人気商品の売上高が落ちてしまえば，壊滅的な被害を受ける。

(　)

〜〜〜〜〜〜〜〜 **応 用 問 題** 〜〜〜〜〜〜〜〜

問 次の文章を読んで，問いに答えなさい。

(a)イノベーションはさまざまな要因で起きるが，ドラッカーはその機会を七つに分類している。(b)たとえば感染症の治療に役立つペニシリンの発明は，別の実験をしているさいに偶然発見されたものである。こうした思いもしないイノベーションの誕生をドラッカーは最も重視した。

(1) 下線部 (a) の説明として，最も適切と思われるものを一つ選びなさい。

ア．商品やサービスを利用しやすくすることがイノベーションであり，直観的な入力操作が可能なスマートフォンはその例であるが，生産効率を高めるだけのジャスト・イン・タイムはイノベーションではない。

イ．イノベーションとは新しい商品やサービスの提供のことであり，宅配便はその例であるが，製造小売業 (SPA) といった業態やサプライチェーンマネジメントといった流通に関することがらはイノベーションとはいえない。

ウ．イノベーションとは技術革新や新しい商品の開発，新しいビジネスのしくみ，経営組織の形成などを指し，例えばロングテール戦略を利用した通信販売などもイノベーションといえる。

(2) 下線部 (b) のことを何というか，次のなかから最も適切と思われるものを一つ選びなさい。

ア．予期せぬことの生起　　イ．ギャップの存在　　ウ．人口構造の変化

═══════ **発 展 問 題** ═══════

問 イノベーションの説明として，最も適切と思われるものを一つ選びなさい。

(商業経済検定第31回一部修正)

ア．イノベーションによって人々の消費行動は変化し，高級化志向と節約志向の両方が高まることで，貯蓄が増えて人々の豊かな生活が実現される。

イ．イノベーションは，新商品開発や既存商品の改良，新しいサービスの誕生などへとつながり，人々の豊かな生活の実現に寄与する。

ウ．イノベーションは，法令遵守や納税義務といった企業の社会的責任を果たすことにつながり，社員の質が向上することによって，人々の豊かな生活が実現されることになる。

イノベーションの重要性③

⑤ 経営組織の形成　⑥ イノベーションのジレンマ

● イノベーションが継続的にうまれるような経営組織の形成が重要である。
● 既存の事業が技術で成功していると，かえってイノベーションが生まれにくくなることがある。

基本問題

問1 次の文章の空欄に適切な語句を入れなさい。

(1) 経済社会では，仮説を立て，実験を繰り返して，推測を（　①　）に変えていくことが必要である。

(2) 企業集団を形成している場合に，ほかの企業を支配している企業を（　②　）という。

(3) すでに既存の商品や技術で成功している場合，新しい市場への参入や新技術の採用が遅れる場合がある。これをイノベーションの（　③　）という。

①＿＿＿＿＿＿＿　　②＿＿＿＿＿＿＿　　③＿＿＿＿＿＿＿

問2 次の文章が正しい場合は〇を，誤っている場合は×を記入しなさい。

(1) 企業がイノベーションを実現するためには，ビジネスのアイデアだけでなく，組織を構成する人の活用についても考えなければならない。　　　　　　　　　　　　（　　　　）

(2) イノベーションは既存の事業や技術によって実現できるため，新規事業を担当する専門チームなどを社内に設置するようなことは必要ない。　　　　　　　　　　（　　　　）

(3) 既存の事業や技術で成功している大企業の場合，新しい市場への参入も迅速に進められることが多い。　　　　　　　　　　　　　　　　　　　　　　　　　　　（　　　　）

応用問題

問1 次の文章を読んで，問いに答えなさい。

　1975（昭和50）年にコダック社のスティーブ・サッソンは世界最初のデジタルカメラを発明した。しかし，<u>当時のコダック社は銀塩写真で利益をあげており，デジタルカメラの画質が銀塩写真には及ばなかったことからも，デジタルカメラには経営陣は興味を示さずにいた</u>。これは，コダック社が当時，銀塩写真の市場で高い市場占有率を保持しており，銀塩市場に□□□□を集中的に投下することが合理的と考えられたためである。

(1) 文中の□□□□にあてはまる語句として，最も適切と思われるものを一つ選びなさい。

　　ア．リーダーシップ　　　イ．経営資源　　　ウ．ニーズ

(2) 文中の下線部のような状態あるいは現象のことを何というか，最も適切と思われるものを一つ選びなさい。

ア．デジタルジレンマ　　イ．イノベーションのジレンマ　　ウ．社会的なジレンマ

問2　次の文章を読んで，問いに答えなさい。

　コーヒー市場で活躍するN社の日本法人が，2009（平成21）年に，企業向けに家庭用コーヒーマシンの導入を図った。当時のN社はコーヒーの家庭向けの市場には大きな市場占有率を誇っていたが，企業向けの消費は高くはなかったためである。そこで，コーヒーマシンを無料で企業に貸し出し，コーヒーの詰め替えカートリッジを販売することで利益を上げることに成功した。当初この事業は海外の親会社から採算が取れないと判断されていたが，日本法人は独立した事業体制であったため，実現することができた。このように，イノベーションを実現するためには，既存の経営組織を見直して，これまでとは異なる　　　　　をおこなうことが必要となる。

　(1)　本文の内容から，N社の日本法人が企業向けの市場で成功できた理由として，最も適切なものを一つ選びなさい。

　　ア．コーヒーに詳しい外部の技術者を従業員として雇用し，リーダーにしたから。

　　イ．独立した事業体制をとっていたことで，実験的な新規事業をおこないやすかったから。

　　ウ．年功序列型賃金と終身雇用制を採用していたから。

　(2)　文中の　　　　　にあてはまる語句として，最も適切なものを一つ選びなさい。

　　ア．マネジメント　　イ．ロングテール戦略　　ウ．リコメンド

発展問題

問　次の文章を読んで，問いに答えなさい。　　　　　　　（商業経済検定第18回・19回一部修正）

　アメリカ商務省の調査によれば，(a)1976（昭和51）年のアメリカにおけるカメラの売上高は約1,610万ドル（約50億円）で，そのうちコダック社のカメラの売上高は約1,894万ドル（約42.5億円）だった。さらに，2011（平成23）年12月4日のロスアンゼルスタイムスによると，(b)フィルム市場ではコダック社は90％の市場占有率を誇っていた。しかし，コダック社はその後のデジタルカメラ市場に対応できず，2012（平成24）年に経営破たんし，現在は経営を再開したものの商業パッケージや印刷関連事業を中心にビジネスを展開している。このように既存の商品や技術が優れているがゆえに新しい市場への参入が遅れることを，イノベーションの　　　　　という。

　(1)　下線部(a)の記述より，当時のコダック社のカメラ市場の市場占有率を計算しなさい。

　　　%

　(2)　下線部(b)のような市場の状態を何というか，次のなかから適切なものを一つ選びなさい。

　　ア．寡占的　　イ．独占的　　ウ．複占的

　(3)　文中の　　　　　にあてはまる語句をカタカナ4文字で記入しなさい。

創業者や経営者の理念①

① ビジネスの成功とは何か　② 100年以上続く老舗企業

● ビジネスの成功を測る指標の一つに利益がある。
● 企業にとって，創業者や経営者の理念は重要である。

∷∷∷∷∷∷∷∷∷∷∷∷∷∷ 基 本 問 題 ∷∷∷∷∷∷∷∷∷∷∷∷∷∷

問1 次の文章の空欄に適切な語句を入れなさい。

(1) 企業の利益を数式で単純に表すと，「利益＝（　①　）−費用」となる。

(2) ビジネスを長く継続している企業をみると，創業者の（　②　）が今日でも色あせることなく受け継がれていることがわかる。

(3) ドラッカーは，利益について経営上の（　③　）の妥当性をはかる尺度と唱えている。

①   ②   ③

問2 次の文章が正しい場合は〇を，誤っている場合は×を記入しなさい。

(1) ビジネスの成功には，ビジネスが何らかのかたちで社会の役に立っていることが前提条件となる。　　　　　　　　　　　　　　　　　　　　　　　　　　　　（　　　）

(2) ビジネスを継続させていくにあたって，利益をあげることはそれほど重要ではない。
　　　　　　　　　　　　　　　　　　　　　　　　　　　　　　　　　　　（　　　）

(3) ビジネスを長く継続させている企業の多くは，時代が変化しても業態や経営方針を変化させず，創業当時のありかたを守っている。　　　　　　　　　　　　　　（　　　）

(4) 日本には，100年以上存続している老舗企業はほとんど存在しない。　　（　　　）

(5) 聖徳太子によって百済から招かれた金剛重光によって創業された企業が，世界最古の企業といわれている。　　　　　　　　　　　　　　　　　　　　　　　　　（　　　）

(6) 老舗企業の出現率が高い都道府県は東京都である。　　　　　　　　　　（　　　）

(7) 老舗企業を業種別（細分類）でみると，呉服・服地小売が最も多く，そのほか清酒製造や旅館が上位を占めている。　　　　　　　　　　　　　　　　　　　　　（　　　）

〰〰〰〰〰〰〰〰〰〰 応 用 問 題 〰〰〰〰〰〰〰〰〰〰

問 次の文章を読んで，問いに答えなさい。

　建設会社の金剛組は，創業578年の世界最古の企業であり，四天王寺を建設するために，聖徳太子が百済から招いた宮大工が始まりとされている。1400年あまりが経過した現在も大阪市天王寺区に本社を構え，　①　として「お客様のために」を掲げている。こうした経営が100年以上続く企業を　②　という。こうした企業には，事業継続への強い信念や長年にわたり確立してきた

信用，そして時代に合わせた業態の変更や柔軟な経営方針といった特徴がみられる。

(1) 文中の ① にあてはまる語句として，最も適切なものを一つ選びなさい。

　ア．理念　　イ．経営計画　　ウ．予算

(2) 文中の ② にあてはまる語句として，最も適切なものを一つ選びなさい。

　ア．ベンチャー企業　　イ．老舗企業　　ウ．新興企業

発展問題

問1　次の文章を読んで，問いに答えなさい。 （商業経済検定第22回一部修正）

　高校生のA君の家族は父と母，そして大学生の姉の4人である。姉は就職活動中であり，インターネットを使って熱心に企業の情報収集に励んでいる。EDINETと呼ばれるサイトでは，さまざまな企業の財務諸表を閲覧することが可能であり，最近ではEDINETから得た情報をもとに，企業の◻◻◻◻を測定する売上高総利益率や売上高経常利益率なども計算している。しかし，姉が最も重視しているのは創業者や経営者の理念であり，その理念に共感できる企業に勤めたいと考えているようである。

(1) 文中の◻◻◻◻にあてはまる語句として，最も適切と思われるものを一つ選びなさい。

　ア．収益性　　イ．安全性　　ウ．流動性

(2) 文中の下線部の説明として，次のなかから最も適切なものを一つ選びなさい。

　ア．企業の歴史や経営者の生い立ちを具体的に表現したもの

　イ．企業の商品や事業の内容・経営の成績を具体的に表現したもの

　ウ．企業のあり方や経営の方針を具体的に表現したもの

問2　次の文章を読んで，問いに答えなさい。 （商業経済検定第11回一部修正）

　I商会株式会社は，現在事務機器の専門メーカーとして発展している。I社の取締役は7名いるが，このうち代表取締役社長をはじめ，4名は創業者の吉田一族で占められている。また株式も一族で51％を保有している。この経営体制は，(a)創業者から代々受け継がれ，現在の3代目の社長も現在の体制を維持することが重要と考えている。また，I商会株式会社では，(b)「良品提供による社会貢献と国民への奉仕」を経営の基本的な行動指針としている。

(1) 下線部(a)の説明として，最も適切と思われるものを次のなかから一つ選びなさい。

　ア．組織の変革を推進する人

　イ．事業を最初に起こした人

　ウ．効率的な組織運営を担う人

(2) 下線部(b)を何というか，次のなかから最も適切なものを一つ選びなさい。

　ア．経営政策　　イ．経営理念　　ウ．経営指標

創業者や経営者の理念②

③ 渋沢栄一の理念と企業の発展

- 渋沢栄一は，道徳と利益の両立を重視し，社会的責任の遂行に取り組んでいた。
- 渋沢栄一の考え方は現在も多くの人に影響を与えている。

:::::::::::::::::::::::::::::::::::: 基 本 問 題 ::::::::::::::::::::::::::::::::::::

問1　次の文章の空欄に適切な語句を入れなさい。

(1)　渋沢栄一が資金調達のしくみをつくりあげた背景には，欧州諸国の実情を見聞していたことから，ヨーロッパ社会では（　①　）によって資金が循環し，資金をもとに企業が成長していく（　②　）のしくみを理解していたことがある。

(2)　渋沢は道徳と利益の両立を追求する「（　③　）」という考え方を提唱した。

(3)　渋沢によって近代的な銀行が設立されたことで，企業の設備資金や運転資金などを銀行から調達する（　④　）金融のしくみができた。

(4)　証券取引所の設立によって，企業が投資家から資金を調達する（　⑤　）金融のしくみができた。

①　.................................　②　.................................　③　.................................　④　.................................

⑤　.................................

問2　次の文章が正しい場合は○を，誤っている場合は×を記入しなさい。

(1)　わが国で最初の銀行であり，発券銀行としての役割を担ったのは日本勧業銀行である。

（　　　）

(2)　『論語』とは，紀元前500年頃の中国の思想家である，孔子の教えを弟子たちがまとめたものである。　　　　　　　　　　　　　　　　　　　　　　　　　　　　　　　（　　　）

(3)　明治維新後，渋沢は現在の外務省にあたる大蔵省に入省し，国立銀行条例の制定などに携わった。　　　　　　　　　　　　　　　　　　　　　　　　　　　　　　　　　　（　　　）

(4)　渋沢は，企業は利益を追求してはならず，社会に対して責任をもたなければならないという考えを提唱していた。　　　　　　　　　　　　　　　　　　　　　　　　　　　（　　　）

(5)　渋沢は企業や東京証券取引所の設立だけでなく，大学や病院などの設立・運営にも関わっている。　　　　　　　　　　　　　　　　　　　　　　　　　　　　　　　　　　（　　　）

(6)　渋沢の理念や考えが表された著作物として，『倫理と算盤』がある。　　　（　　　）

(7)　企業が保有する土地や建物以外の資産を担保にすることを不動産担保という。　（　　　）

問　次の文章を読んで，問いに答えなさい

　2024（令和6）年度より紙幣のデザインが一新され，1万円札には渋沢栄一の肖像が採用される。渋沢はヨーロッパへの留学経験から，　　　　　を中核として経済が循環していくしくみを理解し，日本で最初の銀行や証券取引所を設立して企業が円滑に資金を調達できるしくみを構築した。さらに，社会という基盤の上でビジネスを展開している以上，その基盤を維持するために社会に貢献することは当然と考えていた。このとき渋沢が設立にかかわった福祉団体や病院には，現在の東京都健康長寿医療センター，聖路加国際病院，日本赤十字社などがある。

(1)　文中の　　　　　にあてはまる語句として，最も適切なものを一つ選びなさい。

　　ア．信用　　イ．論理　　ウ．資金

(2)　文中の下線部のことを何というか，最も適切なものを一つ選びなさい。

　　ア．経営理念　　イ．社会的責任　　ウ．経済合理性

問1　次の文章を読んで，問いに答えなさい。　　　　　　　（商業経済検定第11回一部修正）

　A社では，新製品の生産をおこなうため，現在の工場では手狭なので，新たに交通の便がよいB県にある工業団地に最新の機械設備を備えた工場を建てることを計画した。

　そのための資金として10億円を借り入れるため，新宿銀行に相談に行った。新宿銀行側では新製品の将来性が期待できること，A社の業績が好調であることを考慮に入れて検討した結果，土地や建物を担保として借用証書をとり，年利率2％，期間20年の条件で10億円を貸し付けることとにした。

(1)　下線部の用途にあてる資金を何というか，次のなかから最も適切なものを一つ選びなさい。

　　ア．設備資金　　イ．運転資金　　ウ．開発資金

(2)　本文の内容からA社が借り入れる資金を融通する経路として，次のなかから正しいものを一つ選びなさい。

　　ア．直接金融　　イ．間接金融　　ウ．消費金融

問2　次の文章の　　　　　にあてはまる語句を漢字2文字で記入しなさい。

　　　　　　　　　　　　　　　　　　　　　　　　　　　　　（商業経済検定第8回一部修正）

　株式会社制度の導入と銀行制度の創設，証券市場の整備は，企業に必要な　　　　　の調達を容易にした。これにより，企業の規模は拡大し，飛躍的な発展を遂げることとなった。

創業者や経営者の理念③

④ 岩崎彌太郎の理念と企業の発展　⑤ 明治時代を代表する二人のマネジメント

- 岩崎彌太郎は物事の本質を見抜く力とベンチャースピリットに優れていた。
- 渋沢栄一と岩崎彌太郎の経営理念は現在でも影響力を持ち続けている。

基 本 問 題

問1　次の文章の空欄に適切な語句を入れなさい。

(1)　荷為替の取り組みによって，荷主は貨物の所有権を担保にして，早めに銀行から（　①　）を調達することができる。

(2)　現金またはそれと同等の価値をもつものの流れを（　②　）という。

(3)　三菱商会は巨大な（　③　）を形成するが，第二次世界大戦後に（　③　）は解体されることになる。

(4)　渋沢栄一と岩崎彌太郎は，必ずしも（　④　）の最大化を優先したわけでなく，長期的な視点で（　⑤　）をおこなっていた。

①　　　　　　　　　　　　②　　　　　　　　　　　　③

④　　　　　　　　　　　　⑤

問2　次の文章が正しい場合は〇を，誤っている場合は×を記入しなさい。

(1)　荷為替の取り組みができるようにしたり，商品に対する保険を充実させたりしても荷主にはさほどメリットはない。　　　　　　　　　　　　　　　　　　　　（　　　）

(2)　三菱金曜会の三綱領の解釈によれば，「所期奉公」とは「事業を通じ，物心共に豊かな社会の実現に努力すると同時に，かけがえのない地球環境の維持にも貢献する」ことである。　　　　　　　　　　　　　　　　　　　　　　　　　　　　　　（　　　）

(3)　三菱金曜会の三綱領の解釈によれば，「処事光明」とは，公明正大で品格のある行動を意味するが，活動の公明性や透明性までは求めていない。　　　　　　　　（　　　）

(4)　三菱金曜会の三綱領の解釈によれば，「立業貿易」とは，全世界的，宇宙的視野に立脚した事業展開を図ることである。　　　　　　　　　　　　　　　　　　（　　　）

応 用 問 題

問　次の文章を読んで，問いに答えなさい。

1875（明治8）年に明治政府は，上海航路の開設を岩崎彌太郎に命じ，三菱商会は当時の競合相手であるアメリカの大手海運会社よりも料金を低く設定することで，この会社に打ち勝った。

しかし，その直後にイギリスの大手海運会社が横浜・上海・香港を結ぶ運航を開始し，東京と大阪を結ぶ航路にも進出してきた。岩崎彌太郎は，まず三菱商会の費用を削減するとともに，給料も下げることにした。その一方で，□□□の取り組みによって荷主が早期に資金を調達できるようにし，商品に対する保険を充実させることで，イギリスの大手海運会社に打ち勝つことができた。

(1)　文中の□□□にあてはまる語句を漢字3文字で記入しなさい。

(2)　下線部の説明として，最も適切なものを次のなかから一つ選びなさい。
　　ア．突然の事故などによって生じる損害などをてん補するために，同じ不安をもつ人たちが相互に協力し，経済的に助け合うための制度
　　イ．商品を売り主の倉庫や店舗から買い主の手元まで送り届ける制度
　　ウ．顧客などから受け入れた新たな預金をもとに企業に貸付をおこなう制度

発展問題

問1　次の文章を読んで，問いに答えなさい。　　　　（商業経済検定第10回・11回一部修正）

　1916（大正5）年に三代目岩崎久弥の後を継いで四代目岩崎小彌太が三菱合資会社の社長に就任する。社長に就任してすぐに三菱小彌太は，造船部門や製鉄部門などを次々と分社化し，多くの (a) 株式会社を創設する。そして，独立した分野の株式を三菱合資会社が保有することでそれぞれの分社を統制した。

　岩崎小彌太は社長就任早々から (b) 国家社会のために事業を展開することを宣言し，利益を得ることは二義的なものと位置づけた（『大正9年三菱商事訓示』）。

　その後，三菱合資会社を中心とした企業集団は発展を遂げたが，1945（昭和20）年に第二次世界大戦が終結したとき，我が国の経済は壊滅的な打撃を受けた。生産設備の多くは破壊され，海外からの引揚者や復員軍人等の流入により人口は増加し，戦後の混乱のため大量の通貨が出回っていた。このなかで，連合国軍の支持によって，労働の民主化・農地改革・□□□の解体と経済力の集中排除などの経済民主化の措置がとられた。三菱合資会社を中心とする企業集団もまた解体を余儀なくされ，岩崎小彌太はその手続きの最中に死去する。

(1)　下線部 (a) の説明として，次のなかから最も適切なものを一つ選びなさい。
　　ア．すべての社員が無限責任を負うため，企業の意思決定を円滑かつ迅速におこなえる。
　　イ．有限責任での出資が可能であり，出資者を広く募集することができる。
　　ウ．無限責任社員と有限責任社員によって経営の分業体制が促進できる。
(2)　下線部 (b) のようなものを何というか，次のなかから最も適切なものを一つ選びなさい。
　　ア．経営計画　　イ．経営指標　　ウ．経営理念
(3)　文中の□□□にあてはまる語句を漢字2文字で記入しなさい。

ビジネスにおける外部環境の影響①

① 経済のグローバル化の進展　② グローバル化とマネジメント

学習の要点
- 経済のグローバル化が進展し，ボーダーレスに経済活動がおこなわれている。
- 企業には変化に対応したマネジメントが求められている。

基本問題

問1　次の文章の空欄に適切な語句を入れなさい。

(1)　経済のグローバル化とは，情報通信技術（ICT）や交通・輸送手段の発達，協定などによる自由な市場の創設などによって，経営資源の移動が活性化し，（　①　）に経済活動がおこなわれることをいう。

(2)　1995（平成7）年，GATTを発展させた（　②　）（世界貿易機関）が発足した。

(3)　特定の国や地域の間で，関税やサービス貿易の障壁などを撤廃・削減することを目的として締結される協定を（　③　）（自由貿易協定）という。

(4)　わが国初の多国間協定は，2008（平成20）年から順次発効した（　④　）との協定である。

①　　　　　　　　　　　②　　　　　　　　　　　③　　　　　　　　　　　④

問2　次の文章が正しい場合は〇を，誤っている場合は×を記入しなさい。

(1)　2022（令和4）年に発効した地域的な包括的経済連携協定には，CPTPP加盟国と中国，韓国が参加している。　　　　　　　　　　　　　　　　　　　　　　　　　（　　　　）

(2)　世界貿易機関は加盟国と地域の全会一致を原則としているため，先進国と開発途上国の利害が対立するという問題がある。　　　　　　　　　　　　　　　　　　　　（　　　　）

応用問題

問　次の文章を読んで，問いに答えなさい。

　ヒト・モノ・カネ・情報といった□□□の移動が活性化しており，主に二国間で交渉して関税の撤廃や削減を求める(a)FTAや関税だけでなく知的財産の保護や投資ルールの整備なども含めた(b)EPAが多数締結された。しかし，二国間の交渉ばかりでは非効率なため，地域でまとまって交渉する動きが活発となった。CPTPPはその一例であり，CPTPPによって，大企業から中小企業までわが国のさまざまな企業がアジア太平洋地域の市場に参入できるようになり，わが国全体の経済成長につながると期待されている。

(1)　下線部（a）を何というか，最も適切なものを次のなかから一つ選びなさい。

　　ア．自由貿易協定　　イ．経済連携協定　　ウ．世界貿易機関

(2)　下線部（b）を日本が最初に締結した国を，次のなかから一つ選びなさい。

ア．オーストラリア　　イ．シンガポール　　ウ．ベトナム

(3) 文中の　　　　にあてはまる語句を漢字4文字で記入しなさい。

発展問題

問1　次の文章を読んで，問いに答えなさい。　　　　　　　（商業経済検定第11回一部修正）

　1930年代の経済ブロック化が第二次世界大戦の遠因となった反省から，戦後，資本主義国は GATT を国際条約化してこれを批准し，自由貿易を推進してきた。この合意形成はラウンドと呼ばれる。

　GATT は自由貿易の実現のために関税引き下げ交渉に努力してきたが，ウルグアイ・ラウンドを最後に1995（平成7）年1月に　　　　として生まれ変わった。

(1) 下線部の説明として，最も適切なものを次のなかから一つ選びなさい。

　ア．輸出国が自国から持ち出される商品についてかける税

　イ．輸入国が自国に持ち込まれる商品についてかける税

　ウ．貿易の当事者である二国が輸出者・輸入者の双方からそれぞれ徴収する税

(2) 文中の　　　　にあてはまる語句として，適切なものを次のなかから一つ選びなさい。

　ア．FTA　　イ．EPA　　ウ．WTO

問2　次の文章を読んで，問いに答えなさい。　　　　　　　（商業経済検定第21回一部修正）

　GATT は戦後の貿易促進と経済復興に寄与したが，組織としての問題点があったため，1995（平成7）年に WTO（世界貿易機関）が設立された。WTO は　①　を進めるための国際的な　②　づくりや紛争処理の取り組みをおこなっている。たとえば不当なダンピングや不当に高い関税を課すことなど二国間で貿易上の紛争が発生し，提訴された場合には WTO ではパネルとよばれる小委員会を設置し，状況分析を進めて報告を出すことにしている。(a)パネルからの報告はネガティブコンセンサスという方式が採用され，紛争の解決が図られるしくみになっている。

(1) 文中の　①　にあてはまる語句として，最も適切なものを次のなかから一つ選びなさい。

　ア．保護貿易　　イ．自由貿易　　ウ．垂直貿易

(2) 文中の　②　にあてはまる語句として，最も適切なものを次のなかから一つ選びなさい。

　ア．公用語　　イ．条約　　ウ．ルール

(3) 下線部（a）の説明として，最も適切なものを次のなかから一つ選びなさい。

　ア．パネルからの報告は，全加盟国の過半数の賛成がある場合に限り採択されることになる。

　イ．パネルからの報告は，全加盟国が一致して賛成する場合に限り採択されることになる。

　ウ．パネルからの報告は，全加盟国が一致して反対しない限り採択されることになる。

ビジネスにおける外部環境の影響②

第**4**節

③ グローバル化の新たな課題　④ 規制緩和とマネジメント

学習の要点

● 先進国と発展途上国との格差が問題になっている。
● 企業には変化に対応したマネジメントが求められている。

:::::::::::::::::::::::::: 基 本 問 題 ::::::::::::::::::::::::::

問1　次の文章の空欄に適切な語句を入れなさい。

(1)　開発途上国のなかには，（　①　）を重視するあまり，必要以上の農薬を使用して農産物を収穫したり，環境対策をおこなわないまま商品を生産したりといった国もある。

(2)　開発途上国の原材料や商品を適正な価格で継続的に購入することにより，立場の弱い開発途上国の生産者の生活改善と自立を目指す貿易のしくみを（　②　）という。

(3)　2015（平成27）年の国連サミットにおいて，2030（令和12）年までに達成すべき17の目標と169のターゲットからなる（　③　）（持続可能な開発目標）が掲げられた。

(4)　わが国では国の政策として規制緩和が進められており，近年では（　④　）という名称も使われている。

(5)　2006（平成18）年の薬事法改正によって，（　⑤　）がいなくても一般用医薬品の一部を販売できるようになった。

①..　②..　③..

④..　⑤..

問2　次の文章が正しい場合は〇を，誤っている場合は×を記入しなさい。

(1)　2006（平成8）年の薬事法の改正により，一般用医薬品のすべてがコンビニエンスストアで販売できるようになり，企業にとっては販路の拡大につながった。　　　　　（　　　）

(2)　労働者派遣法とは派遣労働者の保護を目的とした法律であり，2004（平成16）年以降も改正が繰り返されている。　　　　　（　　　）

(3)　規制緩和は主に経済分野で先行しており，教育や福祉，環境などの社会分野へはほとんど進んでいない。　　　　　（　　　）

〜〜〜〜〜〜〜〜〜〜〜〜 応 用 問 題 〜〜〜〜〜〜〜〜〜〜〜〜

問　次の文章を読んで，問いに答えなさい。

　コーヒーや茶などの農産物は，国際価格の変動が大きいため，発展途上国の生産者の収入は不安定になりがちである。国際価格が高い場合にはまだ生産者の収入は確保できるが，問題は国際

価格が下落したときである。そこで，公平・公正な貿易を目指す　　　　では，最低取引価格を設定することで，発展途上国の生産者の生活を安定・改善させようとしている。

　こうした取り組みは，持続可能な開発目標と関係しており，企業のマネジメントはこうした地球規模の課題とも向き合うことが必要である。

(1)　文中の　　　　にあてはまる語句をカタカナ7文字で記入しなさい。

(2)　下線部のことを何というか，次のなかから適切なものを一つ選びなさい。
　　ア．GATT　　イ．ICT　　ウ．SDGs

発展問題

問1　次の文章を読んで，問いに答えなさい。　　　　　　　　　　（商業経済検定第34回一部修正）

　A社は，醤油を製造・販売している食品メーカーであるが，最近では (a) 環境問題に対する同社の取り組みに大きな関心が寄せられている。たとえばA社は「やわらか密封ボトル」を開発し，品質劣化を防ぐとともに，注ぎやすいという新たな容器を開発した。しかも，この容器は，生分解性プラスチックによって製造されている。

　今後もA社は容器包装リサイクル法や (b) 持続可能な開発目標をふまえて，さらに持続可能で環境に優しい容器の開発を進めていく予定である。

(1)　下線部 (a) の説明として，次のなかから最も適切なものを一つ選びなさい。
　　ア．A社は環境問題へ取り組む企業の精神を宣伝して知名度をあげることをめざし，研究開発への投資よりも広告費を倍増して広報活動を進めている。
　　イ．A社は，環境問題への積極的な投資を控えることで利潤追求をめざし，環境への負荷が増すがコストが低い石油を原材料とする容器を使用している。
　　ウ．A社は環境問題など社会的課題の解決を新たなビジネスチャンスととらえ，新技術の開発や製品化を進めている。

(2)　下線部 (b) のことを何というか，次のなかから最も適切なものを一つ選びなさい。
　　ア．SDGs　　イ．TPP　　ウ．EPA

問2　次の文中の下線部のようなことを何というか，最も適切なものを語群から一つ選びなさい。
　　　　　　　　　　　　　　　　　　　　　　　　　　　　　（商業経済検定第33回一部修正）

　グローバル化は，「企業」のほかに「人」や「財・サービス」，「資本・金融」，「情報」でみることができる。とりわけ「資本・金融」や「情報」は国境がないかのようにグローバル化している。

[語群]　ア．ボーダーレス　　イ．ボーダーライン　　ウ．ボーダーフル

ビジネスにおける外部環境の影響③

⑤ 情報通信技術 (ICT) の発展　⑥ インターネットを活用したビジネス
⑦ 情報通信技術 (ICT) の課題

● 情報通信技術 (ICT) はさまざまな課題を解決するために用いられている。
● インターネットを活用したビジネスは，私たちの生活に不可欠なものとなっている。

:::::::::::::::::::::::::::::::: 基 本 問 題 ::::::::::::::::::::::::::::::::

問1　次の文章の空欄に適切な語句を入れなさい。

(1)　ウェブサイトやアプリケーションソフトを通じて，登録された利用者同士が交流できる
サービスを（　①　）という。

(2)　フリーマーケットのアプリケーションソフトの提供企業は，多くの利用者から（　②　）
を手に入れている。

(3)　ニーズを分析，把握し，それを満たすサービスやモノを提供するための，消費者に向けた
活動を総称して（　③　）という。

(4)　購入を促進するために，商品の魅力を伝える活動を総称して（　④　）という。

(5)　ウェブサイトなどを通じて支援者を募り，「群衆」（多くの支援者）から資金を調達する手
法を（　⑤　）という。

(6)　インターネットを介した金融取引サービスを，インターネット（　⑥　）という。

(7)　機密情報の保護やサイバー攻撃に対する対策など（　⑦　）の強化は，すべての企業や個
人の課題となっている。

①	②	③
④	⑤	⑥
⑦		

問2　次の文章が正しい場合は〇を，誤っている場合は×を記入しなさい。

(1)　総務省では「ふるさとテレワーク」を推進しており，柔軟な働き方を可能にするとともに，
地方の人口減少という課題の解決を図ろうとしている。　　　　　　　　　　（　　　）

(2)　情報端末に言葉を入力すれば欲しいものをより安く，早くみつけることができるように
なったが，中古品として別の消費者へ販売することは，現時点ではまだ難しい。　（　　　）

(3)　個人情報を入手した企業は，個人情報をマーケティングに活用しているが，テレビの宣伝
や商品の陳列方法などの販売促進には活用できていない。　　　　　　　　　（　　　）

(4)　常にインターネットと接続しているということは，それだけ情報漏えいのリスクも高い。
　　　　　　　　　　　　　　　　　　　　　　　　　　　　　　　　　　　　（　　　）

(5) 金融機関にとっては，インターネットバンキングには店舗を構える必要がなく，経費が節減できるといったメリットがある。　　　　　　　　　　　　　　　　　（　　　）

〰〰〰〰〰〰〰〰〰〰〰〰〰〰〰〰 **応 用 問 題** 〰〰〰〰〰〰〰〰〰〰〰〰〰〰〰〰

問　次の文章を読んで，問いに答えなさい。

　アプリケーションやインターネット上でサービスを提供している企業の多くは，利用者の個人情報を入手し，それらを　　　　に活用して，販売促進をおこなっている。たとえば，ある企業では，利用者間の中古品売買やメーカーと連携して新品の商品の販売を活発化し，(a) わずかな利用料でも数多く得ることで利益をあげるビジネスを実践している。こうした利用料の支払いについては，クレジットカードや (b) 携帯端末やパソコンを通じた銀行取引などが利用される。

(1)　文中の　　　　にあてはまる語句として，最も適切なものを次のなかから一つ選びなさい。
　　ア．ネットワーク　　　イ．クラウドファンディング　　　ウ．マーケティング

(2)　文中の下線部 (a) のことを何というか，最も適切なものを次のなかから一つ選びなさい。
　　ア．キャッシュ・フロー　　　イ．ロングテール戦略　　　ウ．フェアトレード

(3)　文中の下線部 (b) のことを何というか，最も適切なものを次のなかから一つ選びなさい。
　　ア．アフターサービス　　　イ．テレワーク　　　ウ．インターネットバンキング

═══════════════ **発 展 問 題** ═══════════════

問　次の文章を読んで，問いに答えなさい。　　　　　（商業経済検定第33回・35回一部修正）

　技術革新は産業構造の変化を促す要因の一つである。とくに，集積回路の開発による電子部品の高性能化・超小型化や生命工学の革新はめざましい。さらに近年における (a) 情報通信技術 (ICT) の革新は，経済社会や，私たちの生活にまで大きな変化をもたらしている。

　こうした技術革新のなか，企業は新しいサービスによって企業競争力を強化し，コストの削減を図っている。しかし，企業が業務の多くを外部の企業に委託することも増えていることから，(b) 企業の情報が外部に漏えいしないように情報を守ることが重要になってくる。

(1)　下線部 (a) の一例として，最も適切なものを次のなかから一つ選びなさい。
　　ア．誰もが一定の自己負担で，必要な医療を受けられるようになっている。
　　イ．本来の仕事場以外で就業するといった，柔軟な働き方が可能となっている。
　　ウ．失業率が高まり，有効求人倍率が1倍を大きく下回っている。

(2)　下線部 (b) を何というか，最も適切なものを次のなかから一つ選びなさい。
　　ア．情報セキュリティ　　　イ．情報格差　　　ウ．情報開示

ビジネスにおける外部環境の影響④

第4節

⑧ 少子高齢化の進展

学習の要点
● わが国は超高齢化社会に進展している。
● 多様な人の活用を進めるダイバーシティ・マネジメントを積極的におこなう動きがある。

:::::::::::::::::::::::::::::::::::::: 基 本 問 題 ::::::::::::::::::::::::::::::::::::::

問1　次の文章の空欄に適切な語句を入れなさい。

(1)　総人口における65歳以上の人口が占める割合を（　①　）という。

(2)　わが国は高齢化社会からわずか37年で（　②　）社会へ移行した。

(3)　出生率の低下と平均寿命の伸長によって，人口に占める高齢者の割合が上昇していく状態を（　③　）という。

(4)　15歳以上の就業者と完全失業者を合わせた人口で，一国における働く意思と能力をもつ人の総数を（　④　）という。

①_____　②_____　③_____　④_____

問2　次の文章が正しい場合は○を，誤っている場合は×を記入しなさい。

(1)　わが国の高齢化率は，世界的にみると平均的な水準である。　　　　　　　　（　　　）

(2)　日本では少子高齢化・人口減少が進んでいることで，労働力人口も1990年代から大幅に減少している。　　　　　　　　　　　　　　　　　　　　　　　　　　（　　　）

(3)　少子高齢化が進み，労働力人口が減少していくにしたがって予測される社会問題を総称して「2030年問題」という。　　　　　　　　　　　　　　　　　　　　（　　　）

(4)　企業のマネジメントには，少子高齢化だけでなく，さまざまな事象が相互に関連して影響を及ぼしている。　　　　　　　　　　　　　　　　　　　　　　　　　（　　　）

(5)　ダイバーシティ・マネジメントについては，従業員どうしのコミュニケーションが難しくなるといったデメリットが大きく，積極的に進めようとする動きはない。　（　　　）

(6)　超高齢化社会で労働者が不足するため，企業は従業員の年齢構成などはいったん考慮せず，積極的に高齢者を大量に採用すべきとされている。　　　　　　　　（　　　）

〜〜〜〜〜〜〜〜〜〜〜〜 応 用 問 題 〜〜〜〜〜〜〜〜〜〜〜〜

問　次の文章を読んで，問いに答えなさい。

　世界的にみても，これまで経験したことがない少子高齢化がわが国では進展しており，労働力人口の減少が懸念されている。そのため女性の労働者が増加するとともに，高齢者の雇用の促進も図られている。また，企業によっては外国人労働者の採用を積極的におこなっている場合もあ

り，その結果，年齢や性別，国籍などが多様な職場がうまれている。このような職場における多様な人々をマネジメントすることを，□□□□・マネジメントという。このマネジメントでは多様な価値観や視点を活用して，優れた意思決定をおこなうことが目的となる。

(1) 文中の下線部の説明として，次のなかから最も適切なものを一つ選びなさい。

　　ア．出生率が上昇するとともに平均寿命が短縮したため，人口に占める高齢者の割合が上昇していく状態である。

　　イ．出生率が低下するとともに平均寿命が短縮したため，人口に占める高齢者の割合が減少していく状態である。

　　ウ．出生率が低下するとともに平均寿命が伸長したため，人口に占める高齢者の割合が上昇していく状態である。

(2) 文中の□□□□にあてはまる語句をカタカナ7文字で記入しなさい。

発展問題

問1　次の文章を読んで，問いに答えなさい。　　　　　　（商業経済検定第30回・第35回一部修正）

　わが国では□□□□が進展しており，全人口のなかで15歳から64歳までの者の人口が占める割合は低下傾向にある。実際のところ，景気が低迷しているさいには人手不足は目立たないが，景気回復で求人が増えても働き手を増やせない構造的な制約に企業は直面している。こうした状況を打破するために，女性や高齢者，外国人労働者のさらなる活用が重要になっている。

(1) 文中の□□□□にあてはまる語句として，次のなかから最も適切なものを一つ選びなさい。

　　ア．グローバル化　　　イ．業際化　　　ウ．少子高齢化

(2) 下線部の説明として，次のなかから最も適切なものを一つ選びなさい。

　　ア．男女雇用機会均等法の施行により，必要な人材を確保できないでいる。

　　イ．労働力人口の減少傾向により，必要な人材を確保できないでいる。

　　ウ．長時間労働といった労働環境により，必要な人材を確保できないでいる。

問2　非労働力人口の説明として，次の中から正しいものを一つ選びなさい。

　　　　　　　　　　　　　　　　　　　　　　　　　　　　　（商業経済検定第9回一部修正）

　　ア．学生，病気や老齢で働けない者の合計

　　イ．学生，病気や老齢で働けない者，家事に従事する者の合計

　　ウ．学生，病気や老齢で働けない者，家事に従事する者，働く意思のない者の合計

組織の形態①

第 1 節

① 組織の三つの要素　② 効率的な分業と組織の分化

学習の要点
- 仕事を効率よく進めるために，組織を形成し，分業をおこなう。
- 組織は効率的に分業できるように分化していく。

:::::::::::::::::::::::::::::: 基 本 問 題 ::::::::::::::::::::::::::::::

問1　次の文章の空欄に適切な語句を入れなさい。

(1)　バーナードによれば，組織が成立するためには，（　①　）目的・（　②　）意欲・（　③　）の三つが必要である。

(2)　研究開発部門や生産部門，販売部門などのように分業することを（　④　）という。

(3)　指示や命令を出す人と出される人というように，階層的に分業していくことを（　⑤　）分業という。

(4)　（　⑤　）に分化した結果，小規模な企業であれば，経営者である（　⑥　）管理者と従業員のみというかたちに大きく分化する

(5)　組織の管理者のうち，係長や主任などのように，直接現場に指示を与える管理者を（　⑦　）管理者という。

(6)　（　⑦　）管理者の上位に位置する管理者として，部長や支店長，課長などの（　⑧　）管理者が存在する。

①	②	③
④	⑤	⑥
⑦	⑧	

問2　次の文章が正しい場合は○を，誤っている場合は×を記入しなさい。

(1)　従業員に共通目的がなければ，個人でばらばらに活動していることと変わらず，従業員は働きがいを感じたり，能力を発揮したりすることが難しくなる。　　　　　　（　　　）

(2)　組織が機能するには，個人がそれぞれの仕事のみに注力することが重要であり，協力しあうことは必要ない。　　　　　　　　　　　　　　　　　　　　　　　　　　（　　　）

(3)　人と人との意思の伝達のためには，話をしたり，連絡をとりあったりすることが最も大切であり，マニュアルや社内報などによる情報のやりとりは重要ではない。　　（　　　）

(4)　分業することによって，仕事の効率性を高められるとともに，従業員の専門性も高めることができる。　　　　　　　　　　　　　　　　　　　　　　　　　　　　　（　　　）

(5)　組織が機能別に分業できるよう区分されていくことを「タテに分化する」ともいう。
　　　　　　　　　　　　　　　　　　　　　　　　　　　　　　　　　　　（　　　）

(6)　企業の規模が大きくなればなるほど，企業の階層は減少していく傾向にある。　（　　　）

応用問題

問　会社の形態について，次の図の空欄にあてはまる語句を解答群から選びなさい。

［解答群］　ア．水平的分化　　　イ．垂直的分化　　　ウ．中間管理者　　　エ．経営者
　　　　　オ．現場管理者

①　　　　　②　　　　　③　　　　　④　　　　　⑤

発展問題

問　次の文章を読んで，問いに答えなさい。　　　　　　　　　（商業経済検定第8回一部修正）

　企業の経営・管理者は一般的に最高管理者，□□□□，現場管理者の三つに分けられる。最高管理者のうち株主総会から会社の経営を委託されている受託経営層は取締役会を構成し，企業経営の基本方針を決定する。これに対し，□□□□は企業の全般的な方針および経営計画にもとづいて監督者を指揮または指導しながら，担当部門の業務を執行することを任務とする。

(1)　文中の□□□□に入れる正しい用語を記入しなさい。

(2)　下線部のおこなう仕事の例として適切なものを，次のなかから一つ選びなさい。
　　ア．建設作業場の作業を指示する。
　　イ．経理部で賃金計算をする。
　　ウ．百貨店で商品を配送する。

組織の形態②

③ 組織の基本形態

● 組織形態にはそれぞれ特徴やメリット，デメリットがあり，企業は業種や業態，経営環境などによって，柔軟に組織形態を採用している。

:::::::::::::::::::::::::::::: 基 本 問 題 ::::::::::::::::::::::::::::::

問1 次の文章の空欄に適切な語句を入れなさい。

(1) 組織内部の分業とその調整のしくみのかたちを（　①　）という。

(2) 研究開発・生産・販売など，業務内容ごとに部門化がなされた組織を（　②　）組織という。

(3) 事業部という単位を設けて，そのなかに核となる主要な機能を含めた組織を（　③　）組織という。

(4) 経営者の下に事業部長と機能部長の両方を設置し，従業員は商品やサービスごと，あるいは地域ごとに事業部長から指示を受けると同時に，研究開発・生産・販売といった機能別の指示も受ける組織を（　④　）組織という。

① ....　② ....　③ ....　④ ....

問2 次の文章で正しいものには〇を，間違っているものには×を記入しなさい。

(1) 機能別組織は，専門的能力と実務経験を備えた人材の育成に適している。　　（　　　）

(2) 単一の事業をおこなう多くの中小企業では事業部制組織が，複数の事業を手がける場合や取り扱う商品やサービスが多様になると，機能別組織が採用されやすくなる。　　（　　　）

(3) 一般に機能別組織のほうが個別の事業や市場の変化に迅速に対応できるが，経営資源をより効率的に活用できるのは事業部制組織である。　　（　　　）

(4) マトリックス組織は複数の直属の管理者が並存するため，コンフリクトが発生しやすい。

（　　　）

〜〜〜〜〜〜〜〜〜〜〜〜〜〜〜〜 応 用 問 題 〜〜〜〜〜〜〜〜〜〜〜〜〜〜〜〜

問 企業の組織形態について，図の空欄に適切な語句を記入しなさい。

（　①　）組織

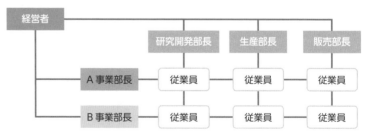

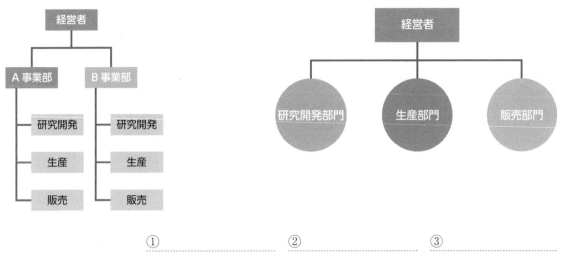

（　②　）組織　　　　　　　　　　　　　　　　（　③　）組織

①　————————————　②　————————————　③　————————————

発 展 問 題

問　次の文章を読み，問いに答えなさい。　　　　　　　　　　　（商業経済検定第18回一部修正）

　A社は，(a)製造・営業・総務など会社の主要な職能をもとにして，部門ごとに分化した組織を採用している。しかし，同一職能部門で多くの製品を取り扱うため，業務執行上の混乱や停滞などが生じている。

　そこで(b)製品別に独立した部門を設置し，それぞれの部門ごとに独立採算制を導入して経営をおこなう組織に，その形態を再編することを考えている。

(1)　下線部(a)の特徴として，次のなかから正しいものを一つ選びなさい。

　　ア．一般的には，部門間の人事交流が少ないので，担当する仕事の専門性は高まり，会社全体を管理する人材の育成はしやすい。

　　イ．部門ごとの管理責任者の業務が明瞭に測定できるので，部門ごとの評価ができ，相互の競争を促進しやすい。

　　ウ．各部門の調整は，会社の社長がおこなわなければならないので，中央集権的な管理になりやすい。

(2)　下線部(b)のような組織形態を何というか，漢字四文字を補って正しい用語を完成させなさい。

　　組織

組織の形態③

③ 組織の基本形態　④ 人と組織のマネジメント

● 組織形態として，ライン・アンド・スタッフ組織や，カンパニー制組織などがある。
● 組織のマネジメントには，専門化の原則や統制範囲の適正化といった原則がある。

:: 基本問題 ::

問1　次の文章の空欄に適切な語句を入れなさい。

(1)　組織の共通目的を達成するために必要な作業を直接担当する（　①　）組織に，人事部や経理部，総務部などの（　②　）組織が付け加えられた組織を（　③　）組織という。

(2)　事業部の持つそれぞれの（　④　）という長所をさらに追及した結果，「あたかも一つの独立した会社」であるかのように組織を分割して編成されたものが，（　⑤　）組織である。

(3)　小規模な作業チームを編成して，部品の組み立てから完成まで複数の工程を担当する従業員が働く生産方法を（　⑥　）方式という。

(4)　職務の範囲を狭く限定して繰り返し仕事をすることによって，効率性を高めることができることを（　⑦　）の原則という。

(5)　一人の管理者が管理できる部下の人数には限りがあるので，組織を適正に階層化すべきであるという原則を（　⑧　）の原則という。

①	②	③
④	⑤	⑥
⑦	⑧	

問2　次の文章で正しいものには〇を，間違っているものには×を記入しなさい。

(1)　ライン組織は組織の売上高に間接的に関与することが多く，スタッフ組織は売上高に直接的に関与することが多い。　　　　　　　　　　　　　　　　　　　　　　　　（　　）

(2)　スタッフ組織はライン組織の活動が円滑に進むよう手助けしたり，助言したりする。
　　　　　　　　　　　　　　　　　　　　　　　　　　　　　　　　　　　　（　　）

(3)　事業部のほうがカンパニーよりも明確に成果を把握することができるが，カンパニーよりも責任が重くなるという特徴がある。　　　　　　　　　　　　　　　　　　（　　）

(4)　カンパニーは，事業部より比較的小規模なまとまりとしている企業が多い。　（　　）

(5)　職務の範囲は狭く限定するよりも，幅広い仕事を多くこなしていくほうが，効率性は高められる。　　　　　　　　　　　　　　　　　　　　　　　　　　　　　　　（　　）

(6)　一人の管理者が多くの部下を管理すればするほど，組織は全体としてフラットになる。
　　　　　　　　　　　　　　　　　　　　　　　　　　　　　　　　　　　　（　　）

問3　次の文章の下線部について，正しい場合は〇を，誤っている場合は正しい語句を記入しなさい。

(1)　製造業の場合，生産部や販売部が<u>ライン組織</u>にあたる。

(2)　機能別組織が発展した組織形態として，<u>カンパニー制組織</u>がある。

(3)　経営学者の<u>ドラッカー</u>は，人のマネジメントについて専門化の原則など，現在にも通じる原則を打ち立てた。

(4)　例外的な事象がある程度の割合で発生し，その対応も複雑なものになる場合，組織は<u>垂直</u>的に分化していく。

(1)		(2)		(3)		(4)	

〜〜〜〜〜〜〜〜〜〜〜〜〜〜〜〜 **応 用 問 題** 〜〜〜〜〜〜〜〜〜〜〜〜〜〜〜〜

問1　ある自動車メーカーでは，車のタイプなど製品別のカンパニーと，地域別のビジネスユニットを組み合わせた組織形態を採用している。この自動車メーカーが採用した組織形態の組み合わせとして，最も適切なものを次のなかから一つ選びなさい。

ア．マトリックス組織とカンパニー制組織

イ．マトリックス組織と事業部制組織

ウ．機能別組織とカンパニー制組織

エ．機能別組織とライン・アンド・スタッフ組織

問2　一人の管理者が管理できる部下の人数には限界があるということを何というか，次のなかから適切なものを一つ選びなさい。

ア．サーバント・リーダーシップ　　イ．スパン・オブ・コントロール　　ウ．コンフリクト

━━━━━━━━━━━━━━ **発 展 問 題** ━━━━━━━━━━━━━━

問　ライン・アンド・スタッフ組織の特徴として，次のなかから適切なものを一つ選びなさい。

(商業経済検定第5回一部修正)

ア．今日の大規模な企業の組織は，ほぼこの組織形態を原型として組織されている。

イ．現実的には，このような組織は存在せず，単に理想の組織として考えられたものである。

ウ．スタッフのみから編成されており，専門化の原則がよりよく生かされている。

組織の形態④

④ 人と組織のマネジメント　⑤ 組織の適切な管理と活性化

● 組織を管理するにあたっては，命令の統一性の確保や，管理者の権限と責任の一致といった原則がある。
● 組織を活性化するためには，組織形態の見直しも柔軟におこなわなければならない。

基本問題

問1　次の文章の空欄に適切な語句を入れなさい。

(1)　部下への指示や命令は直属の上司一人からすべきであるという考え方を（　①　）の原則という。

(2)　組織において，公式に職務をおこなうことができる権利を（　②　）といい，（　②　）と責任が等しくなるように組織を設定しなくてはならないという原則を（　②　）と（　③　）という。

(3)　組織内部で共有する価値観や行動様式を（　④　）といい，これが発達すると，部門ごとに「心理的な壁」ができやすいともいわれる。

(4)　不確実性が増している現在においては，むしろ生産の現場や販売の現場にある程度の（　⑤　）の余地を与えたほうが良い場合がある。

(5)　管理者が一方的に指示や命令を出すリーダーシップのことを（　⑥　）という。

①	②	③	④
⑤	⑥		

問2　次の文章が正しい場合は〇を，誤っている場合は×を記入しなさい。

(1)　マトリックス組織では，命令統一性の原則が徹底されていない。　　　　　　（　　　　）

(2)　管理者には権限をもたせなければならないが，それにともなう義務は必ずしも負う必要はない。　　　　　　　　　　　　　　　　　　　　　　　　　　　　　　　（　　　　）

(3)　企業の外部環境の変化にともない，組織形態の見直しも柔軟におこなわなければならない。　　　　　　　　　　　　　　　　　　　　　　　　　　　　　　　　　　（　　　　）

(4)　組織の活性化をめざすにあたっては，指示や命令に従順な従業員が多いほうがよく，作業を工夫する余地などはないほうがよい。　　　　　　　　　　　　　　　　　　（　　　　）

(5)　企業は経営資源を余分にもつと効率が悪いので，常に必要な分だけをもつようにしたほうがよい。　　　　　　　　　　　　　　　　　　　　　　　　　　　　　　　　（　　　　）

(6)　従業員が企業全体の意思決定に参加できるしくみとして，従業員持株制度などがある。　　　　　　　　　　　　　　　　　　　　　　　　　　　　　　　　　　　　（　　　　）

(7) リッカートによると，管理者が一方的に指示や命令を出していると，従業員の管理者に対する信頼感や生産性，動機づけなどが向上する傾向が示された。　　　　（　　　）

(8) ある部署の管理者がほかの部署の部下に指示や命令を出すことは，コンフリクトの原因となる。　　　　（　　　）

〰〰〰〰〰 応 用 問 題 〰〰〰〰〰

問　従業員一人一人が主体的に行動できる環境づくりを目指して組織を活性化するにあたり，有効と思われる方法について，次のなかから最も適切なものを一つ選びなさい。

ア．人員や予算などの経営資源は無駄なく最大限に活用するようにして，余分に経営資源をもつことはしない。

イ．ミスが発生しないよう管理者が部下の業務を常に監督し，細かく指示を出して逐一管理する。

ウ．職種や社歴に関係なくビジネスアイデアを提案できる制度を設け，従業員の経営参画意識を高める。　　　　　　　　　　　　　　　　　　　　　　　　　　　　　…………

━━━━ 発 展 問 題 ━━━━

問1　職位に就く者には，特定の任務遂行責任と，職務を公平に遂行できる権限が与えられなければならないという原則を何というか，次のなかから正しいものを一つ選びなさい。

（商業経済検定第9回一部修正）

ア．大衆化の原則　　イ．委任の原則　　ウ．専門化の原則　　エ．権限責任一致の原則

　　　　　　　　　　　　　　　　　　　　　　　　　　　　　　　　　　　…………

問2　部下を意思決定に参加させ，組織の目標に対して積極的に取り組ませようとするリーダーシップの種類を何というか，次のなかから最も適切なものを一つ選びなさい。

（商業経済検定第11回一部修正）

ア．参加的リーダーシップ

イ．権威主義的リーダーシップ

ウ．自由放任的リーダーシップ

　　　　　　　　　　　　　　　　　　　　　　　　　　　　　　　　　　　…………

経営理念と経営戦略①

① 経営理念の意義　② 経営理念の必要性

学習の要点
- 経営理念は企業の活動の基本であり，企業全体で共有されることが大切である。
- 企業のグローバル化が進んだことで，企業として一体感をもつ重要性が高まっている。

:::::::::::::::::::::::::::::: 基本問題 ::::::::::::::::::::::::::::::

問1　次の文章の空欄に適切な語句を入れなさい。

(1)　企業の活動の基本となる，経営上や服務上の姿勢を説いたものを（　①　）といい，社是や社訓ともよばれる。

(2)　経営者だけではなく，従業員など（　②　）とよばれる企業と利害関係をもっている人々にも経営理念を浸透させたいと考える企業も増えている。

(3)　企業が具体的に達成したいと考える経常利益の目標などを，（　③　）という。

(4)　経営理念に基づいたビジネスをするための，具体的な考え方を示したものを（　④　）という。

(5)　経営理念に基づいてビジネスをするための具体的な行動方針を（　⑤　）という。

①_____　②_____　③_____

④_____　⑤_____

問2　次の文章が正しい場合は〇を，誤っている場合は×を記入しなさい。

(1)　経営理念は企業の具体的な事業内容を顧客に伝え，利益に結びつけるという意義がある。（　　　）

(2)　経営目標や経営方針，経営行動基準は，経営理念を実現していくための短期的な指針である。（　　　）

(3)　経営理念は企業の経営者が把握しておくことが重要なので，従業員などへの周知はしなくてもよい。（　　　）

(4)　経営行動基準は，「2030年までの営業利益率10％達成」というような具体的な数値で表わされることが多い。（　　　）

(5)　経営理念を実現するための具体的な行動方針を経営行動基準という。（　　　）

(6)　近年，企業の経営理念の重要性を再認識する動きが出てきているが，その背景には企業のグローバル化が進み，多様な従業員が世界中に存在するようになったことがある。（　　　）

応用問題

問1 次の文章の ① , ② にあてはまる言葉として，最も適切なものをそれぞれ一つ選びなさい。

家具・インテリア用品の企画，販売等を手がけるN社では，「住まいの豊かさを世界の人々に提供する」を ① に掲げ，2032年までに3,000店舗，売上高3兆円という ② の実現をめざしている。

ア．経営目標　　イ．経営戦略　　ウ．行動規範　　エ．経営理念

① ┈┈┈┈　② ┈┈┈┈

問2 次の文章の下線部を何というか，最も適切なものを一つ選びなさい。

2011（平成23）年3月の東日本大震災の直後，運輸業のY社の社員が自発的に救援物資の輸送に取り組んだことで注目を浴びた。その背景には，<u>自分自身がY社そのものだという意識をもつことを創業の精神の一つとして，Y社が社員に対して示していた</u>という理由がある。

ア．企業の社会的責任　　イ．経営目標　　ウ．社訓

┈┈┈┈

発展問題

問1 経営理念の説明として，次のなかから適切なものを一つ選びなさい。

（商業経済検定第24回一部修正）

ア．経営者や企業の価値観などを反映した根本原理で，企業の目的を達成するための活動方針

イ．人事や財務など個別の経営職能ごとに決定される，企業の目標を達成するための活動方針

ウ．株主総会や取締役会などで決定される，企業の短期的な目標を達成するための活動方針

┈┈┈┈

問2 経営理念を掲げることによる効果として，次のなかから適切なものを一つ選びなさい。

（商業経済検定第27回一部修正）

ア．経営理念を掲げることで，会社の財政状態と経営成績を示すことができ，株式を購入する際の判断基準にしてもらうことができる。

イ．経営理念を掲げることで，どのような商品を販売している会社なのかを示すことができ，小売業にとっては会社の宣伝となり利益にもつなげることができる。

ウ．経営理念を掲げることで，ビジネスの目的を達成するための活動方針や基本的な考え方を示すことができ，会社が目指すべき方向性と社員の心を一つにまとめることができる。

┈┈┈┈

経営理念と経営戦略②

③ 経営理念とマネジメント　④ コーポレート・アイデンティティ（CI）とブランディング

● 経営理念はマネジメントにとって重要な役割を担っている。
● コーポレート・アイデンティティは企業の組織文化を高め，利害関係者（ステークホルダー）とより良い関係を築くことを目的としている。

:::::::::::::::::::::::::::::::::::: 基 本 問 題 ::::::::::::::::::::::::::::::::::::

問1　次の文章が正しい場合は○を，誤っている場合は×を記入しなさい。

(1) 経営行動基準とは企業活動の基本となる信念や信条であり，マネジメントにとって重要な役割を担っている。　　　　　　　　　　　　　　　　　　　　　　　　　（　　　）

(2) コーポレート・アイデンティティとは，シンボルマークやロゴデザインを策定することである。　　　　　　　　　　　　　　　　　　　　　　　　　　　　　　　（　　　）

(3) コーポレート・アイデンティティは社会における統一した企業イメージを構築するためのものなので，企業内部においては効果がない。　　　　　　　　　　　　　　（　　　）

(4) ブランドに対する顧客の共感や信頼などを通じ，その企業の価値を高めていくマーケティングの手法をブランディングという。　　　　　　　　　　　　　　　　　（　　　）

(5) 商標をほかで勝手に使用されないようにするため，文化庁に出願・審査後，登録される制度がある。　　　　　　　　　　　　　　　　　　　　　　　　　　　　　（　　　）

(6) シンボルマークやロゴデザインなどは，企業の経営理念や，競合他社と明確に差別化するための強い独自性に基づいていることが重要である。　　　　　　　　　（　　　）

(7) シンボルマークやロゴデザインは，流行にあわせて短期間で変更したほうが顧客の印象に残りやすい。　　　　　　　　　　　　　　　　　　　　　　　　　　　（　　　）

(8) 顧客がその企業をイメージできるようなキャッチコピーも，コーポレート・アイデンティティの一つであるといえる。　　　　　　　　　　　　　　　　　　　（　　　）

(9) コーポレート・アイデンティティは重要視されているが，その内容はより狭い範囲に限定されてきている。　　　　　　　　　　　　　　　　　　　　　　　　　（　　　）

〜〜〜〜〜〜〜〜〜〜〜〜 応 用 問 題 〜〜〜〜〜〜〜〜〜〜〜〜

問　下記は主に文房具や事務機器の製造・販売を手がけるK社の行動基準と，実際にK会社で実施している取り組みの組み合わせである。組み合わせとして適切でないと思われるものを一つ選びなさい。

ア．行動基準「地球環境の保全」―　オフィスデスクや事務用イスなど，不要になった使用済み商品を引き取り，リユースまたはリサイクルする取り組みを実施。

イ．行動基準「人権及び人格の尊重」── 機関投資家やアナリストを対象とした決算説明会を開催。

ウ．行動基準「安心で信頼のおける製品及びサービスの提供」── 顧客からの問い合わせ内容を全社員で共有するシステムを構築し，商品やサービスの向上に活用。

エ．行動基準「適正な情報管理及び財務報告」── 企業のウェブサイトに，売上高や営業利益等の業績数値，総資産や純資産等の財務数値を掲載。

<hr>

発展問題

問1　次の文章を読んで，問いに答えなさい。　　　　　　（商業経済検定第23回一部修正）

　ブランド（商標）は他社の商品と区別し，品質を保証する役割がある。さらに，単にマークとしてだけではなく，ひとたび多くの人々の間で認知されると大きな価値をもつ。このためわが国では，ブランドを保護するために□□□に出願・登録する方法をとっている。

（1）　下線部を何というか答えなさい。

（2）　文中の□□□に入る国の機関はどこか，次のなかから正しいものを一つ選びなさい。
　　　ア．文化庁　　　イ．特許庁　　　ウ．中小企業庁

問2　次の文章を読み，本文の主旨から下線部を使用する意図は何か，最も適切なものを一つ選びなさい。　　　　　　（商業経済検定第27回一部修正）

　カジュアル衣料の企画から製造，販売まで手がけるA社は，2001年から海外進出をはじめ，イギリス，中国，アメリカなどで200店舗以上を有しているが，世界中どこの店舗に行ってもまず目に飛び込んでくるのは，色を効果的に使い分けた特徴的なロゴである。まだ海外進出をはじめて十数年であるが，海外からの評価も高くロゴに対する認識も高まっている。

　A社はブランドイメージをとても大切にしており，積極的なブランド政策を展開している。たとえば，カスタマーセンターに寄せられる，年間7万件をこえる顧客の声を生かして，品質が高い商品の開発を続けている。

　ア．統一的なロゴを使用していくことで，広告に関する費用を削減でき，利益獲得につなげられるため。

　イ．統一的なロゴを使用していくことで，消費者はそれを見ただけでその企業をすぐに想起でき，企業にとってブランドイメージを形成できるため。

　ウ．統一的なロゴを使用していくことで，同業他社のイメージと同化させ，業界規模の拡大を図るため。

第2節 経営理念と経営戦略③

⑤ 経営戦略の意義　⑥ 3C分析・PEST分析・SWOT分析

学習の要点
● 経営戦略を検討するために，企業はさまざまな分析方法を活用して，経営環境のさまざまな情報を整理している。

:::::::::::::::::::::::::::::::::::: 基 本 問 題 ::::::::::::::::::::::::::::::::::::

問1　次の文章の空欄に適切な語句を入れなさい。

(1)　経営理念を具現化するための方策を（　①　）という。

(2)　ビジネスにおいて，外部環境や内部環境のさまざまな情報を整理するための考え方の枠組みを（　②　）とよぶ。

(3)　政治・経済・社会・技術の四つの軸にそって情報を整理して考えていく手法を（　③　）分析という。

(4)　現金を直接支払う代わりに携帯端末やカードなどを利用して電子データを送受信することで代金の支払いをおこなうことを（　④　）という。

(5)　外部環境や内部環境を，強み・弱み・機会・脅威の四つの要因から分析して，経営戦略を策定する方法を（　⑤　）分析という。

①＿＿＿＿＿＿＿＿＿＿＿　②＿＿＿＿＿＿＿＿＿＿＿　③＿＿＿＿＿＿＿＿＿＿＿

④＿＿＿＿＿＿＿＿＿＿＿　⑤＿＿＿＿＿＿＿＿＿＿＿

問2　次の文章が正しい場合は○を，誤っている場合は×を記入しなさい。

(1)　３C分析の三つの軸とは，競合（Competitor）・消費者（Consumer）・自社（Company）である。　　　　　　　　　　　　　　　　　　　　　　　　　　　（　　　）

(2)　PEST分析をするときは，軸となる内部環境について，その影響度の大小とその発生可能性の大小を加味して考えることが重要である。　　　　　　　　　　　（　　　）

(3)　企業の外部環境における「政治」の例として，「人口構造の変化」が挙げられる。　（　　　）

(4)　企業の外部環境における「経済」の例として，「為替市場の動向」が挙げられる。　（　　　）

(5)　強み・弱み・機会・脅威という四つの要因を組みあわせて，経営戦略の方向性を定めていく手法をクロスSWOT分析という。　　　　　　　　　　　　　　　（　　　）

(6)　自家焙煎したコーヒーが売りの喫茶店にとって，コンビニエンスストアが低価格で焙煎コーヒーを提供していることは，「弱み」となる。　　　　　　　　　　　（　　　）

問 次の文章を読んで，問いに答えなさい。

　A君は，最近の日本の旅行代理店のビジネスについて，得意とする分野と不得意とする分野，追い風になることと向かい風になることは何かを分析し，下のような図にまとめた。

(1)　図の空欄にあてはまる適切な語句を**解答群**からそれぞれ選びなさい。

強み（Strength）	弱み（Weakness）
・（　①　） ・さまざまな旅行商品や販売ルートがある。	・諸外国からみると割高なイメージがある。 ・人件費などが諸外国と比較すると割高である。
（　②　）	（　④　）
・長期的には訪日外国人旅行者は増加傾向にある。 ・（　③　）	・ライフスタイルが多様化し，団体旅行が減少傾向にある。 ・インターネット販売が増加し，旅行代理店の利用が減少傾向にある。

［解答群］　ア．脅威（Threat）　　イ．自社（Company）　　ウ．機会（Opportunity）
　　　　　　エ．対象（Target）　　オ．歴史のある観光資源が多数ある。
　　　　　　カ．翻訳アプリや新幹線，Wi-Fiなど観光インフラが整備されている。

①　　　　②　　　　③　　　　④

(2)　このような分析方法を何というか答えなさい。

分析

問 次の文章の下線部の理由は何か，正しいものを一つ選びなさい。（商業経済検定第27回一部修正）

　企業が成長を続けるのにはさまざまな要因が考えられるが，その一つとして経営戦略の重要性があげられる。

　　ア．経営戦略とは，企業の成長を持続的に確保するための，企業活動の長期的な方向づけのことであり，これを基に企業は事業を展開できるため。

　　イ．経営戦略とは，経営者や企業の価値観などを反映した根本原理のことであり，これを基に企業は事業領域を確定できるため。

　　ウ．経営戦略とは，企業が成長を続けるために必要な人材・物材・資金・情報のことであり，企業活動を永続的に展開できるため。

経営理念と経営戦略④

⑦ PPM（プロダクトポートフォリオマネジメント）・ファイブフォース分析　⑧ 経営戦略とマネジメント

学習の要点
● 企業はさまざまな分析方法を活用して，最適と思われる経営戦略を採用している。

:::::::::::::::::::::::::::::: 基 本 問 題 ::::::::::::::::::::::::::::::

問1　次の文章の空欄に適切な語句を入れなさい。

(1)　市場成長率は，その市場の今年度の（　①　）を，その市場の前年度の（　①　）で割って求めることができる。

(2)　市場における特定商品の総販売数量のなかで，特定企業の商品の販売数量が占める割合のことを（　②　）という。

(3)　ファイブフォース分析では，業界の競争要因を（　③　）の脅威，既存の同業者との競合，代替品の脅威，買い手の（　④　），売り手の（　④　）の五つに分類する。

(4)　生産にかかる費用を下げることで利益を増やし，商品を安く大量に販売してシェアを伸ばす経営戦略の手法を（　⑤　）戦略という。

(5)　業界のなかでも特徴的な商品を創造することにより自社の商品を差別化して，優位性や独自性を築く戦略を（　⑥　）戦略という。

(6)　特定の顧客層や地域などに経営資源を集中する戦略を（　⑦　）戦略という。

(7)　これまで存在しなかった新しい市場を生み出すことで，競争がない新しい事業を展開していく戦略を（　⑧　）戦略という。

①	②	③
④	⑤	⑥
⑦	⑧	

問2　次の文章が正しい場合は〇を，誤っている場合は×を記入しなさい。

(1)　PPM（プロダクトポートフォリオマネジメント）において，現状維持の「花形」は，育成する段階にある「金のなる木」に投資し，「問題児」は撤退する段階である。　　（　　　）

(2)　コスト・リーダーシップ戦略では，大量生産できることが前提のため，必然的に資金（カネ）をもっている企業が有利となる。　　（　　　）

(3)　飲食業MS社の集中戦略では，ライスバーガーを開発したり，国産野菜を使用したりして，少し価格は高くても健康的なイメージのブランドをつくりあげた。　　（　　　）

問　下の図の空欄にあてはまる語句を，解答群から選んで記入しなさい。

(1)PPM　　　　　　　　　　　　　　　　(2)ファイブフォース分析

[**解答群**]　ア．競合　　イ．負け犬　　ウ．占有率　　エ．交渉力　　オ．成長率　　カ．花形
　　　　　　キ．新規参入

　　　　　　①　　　　　②　　　　　③　　　　　④　　　　　⑤　　　　　⑥　　　　　⑦

████████ 発 展 問 題 ████████

問1　次の文章の下線部のようなことを何というか，最も適切なものを一つ選びなさい。

(商業経済検定第22回一部修正)

　家電メーカーA社は，機能性を重視した家電製品の消費者への供給を目標とし，販売する製品の範囲を液晶テレビやDVDレコーダーなどの映像機器へ限定してしぼり込むことにより他社の追随をさけ，そのなかで優位性を発揮する取り組みをしている。

　ア．差別化戦略　　イ．集中戦略　　ウ．コスト・リーダーシップ戦略

問2　次の文章を読み，下線部を競争戦略としてとらえた場合，何というか，最も適切なものを一つ選びなさい。

(商業経済検定第29回一部修正)

　国内大手のホテルメーカーであるA社は，アメリカの大手ホテルグループであるB社のブランドグループに，国内のホテルとしてはじめて加入した。これによりA社は，世界中に多くの顧客会員を抱えているB社のブランド力を生かし，世界的な知名度アップを図り，価格以外のアピールポイントで外国人顧客の獲得を目指している。

　ア．コスト・リーダーシップ戦略　　イ．差別化戦略　　ウ．集中戦略

企業間連携と事業構造の再構築①

① 企業間連携

:::::::::::::::::::::::::::::::: 基本問題 ::::::::::::::::::::::::::::::::

問1　次の文章の空欄に適切な語句を入れなさい。

(1)　独自の経営資源を蓄積している複数の企業が，それぞれの経営資源を相互利用することによって，社会環境の変化に柔軟に対応することを目的とした経営戦略を（　①　）という。

(2)　特定の分野に限定をして，複数の企業が緩やかな協力関係をもつことを（　②　）という。

(3)　（　②　）によって複数の企業が協働することで，単独で事業をおこなうよりも生産性が高くなったり，収益性が高まったりする（　③　）が期待されている。

(4)　製造委託契約などを締結したうえで，生産工程の一部を共用したり委託したりすることを（　④　）という。

(5)　（　④　）した相手の企業のブランドの商品を生産して供給することを（　⑤　）という。

(6)　他社が保有しているブランドや販売経路，販売員などを活用する業務提携を（　⑥　）という。

(7)　自社が保有している研究開発の成果や技術といった資源を契約によってほかの企業に提供したり，あるいは提供されたりすることを（　⑦　）という。

①	②	③
④	⑤	⑥

⑦

問2　次の文章が正しい場合は〇を，誤っている場合は×を記入しなさい。

(1)　業務提携には，自社のノウハウが漏えいするリスクもある。　　　　　　　（　　　　）

(2)　技術提携は，高い技術は保有しているが販売する能力がない企業と，すでに販売する方法を確立してノウハウをもつ企業との間で締結されることが多い。　　　　　　（　　　　）

(3)　フランチャイズ・チェーンでは，フランチャイザーである加盟店はフランチャイジーである本部にロイヤリティ（権利使用料）を支払う。　　　　　　　　　　　　　　（　　　　）

(4)　業務提携は巨額の資金が必要な新しい技術を開発する場合にもおこなわれることがある。

　　　　　　　　　　　　　　　　　　　　　　　　　　　　　　　　　　　　（　　　　）

応用問題

問　下の文章を読んで，問いに答えなさい。

　文房具などの通信販売事業をおこなっているＡ社では，事業を開始したさい，小売店と業務提携を結ぶ独自の制度を構築した。この制度では，提携した小売店が新規顧客の開拓と売掛金の回収をおこない，Ａ社はそれに対して手数料を支払うようになっている。

（1）　このような業務提携を何というか，最も適切なものを一つ選びなさい。

　　ア．販売提携　　　イ．生産提携　　　ウ．技術提携

（2）　この業務提携に関する記述として，最も適切なものを一つ選びなさい。

　　ア．小売店が持つノウハウを活用して，新たな製品をＡ社と小売店が共同で開発し，新規
　　　　顧客の開拓につなげている。

　　イ．全国の小売店に販売活動と売掛金回収を任せることで，効率的に販路を拡大することが
　　　　できる。

　　ウ．Ａ社は小売店へOEM供給をおこなうことで，複数の販売経路を確保することができる。

発展問題

問　次の文章を読み，本文の主旨から，下線部の目的として最も適切なものを一つ選びなさい。

（商業経済検定第22回一部修正）

　Ｂ社は，清涼飲料の製造・販売を中心とする食品メーカーである。主力部門の清涼飲料の販売では，炭酸飲料・コーヒー飲料・紅茶飲料を中心に成長を遂げてきた。一方，Ｃ社は，乳酸菌飲料の製造・販売を中心とする健康食品メーカーであり，業務拡大の一環として，清涼飲料の製造・販売に乗り出し，清涼飲料部門においても，一定の売上を確保している。

　しかし，消費者の嗜好が多様化するにしたがって，清涼飲料の販売競争が激しくなった。このため，販売する製品分野の偏りを解消する取り組みと，企業経営の合理化がＢ社，Ｃ社ともに必要になった。そこで，Ｂ社とＣ社は業務提携をおこない，まず相手先の自動販売機を利用して，相互に製品の販売を開始し，一部の地域においては，自動販売機の設置台数の多いＢ社が，Ｃ社のメンテナンス業務をおこなっている。さらに，健康・機能性食品の共同事業化などの取り組みをおこなっている。

　　ア．それぞれの従業員の賃金をＢ社とＣ社が協働して負担していくことで，労働コストを低減
　　　　していくことが期待できる。

　　イ．Ｂ社とＣ社が，お互いに保有する株式から得られる配当に税金がかからない措置がとられ，
　　　　財務面での効果が期待できる。

　　ウ．Ｂ社とＣ社が事業展開をおこなっていくうえで，お互いのもつ技術力の活用や物流機能の
　　　　効率化などが期待できる。

企業間連携と事業構造の再構築②

② 企業間連携　③ 事業構造の再構築

- ● 資本提携では資金を出資するため，業務提携より強い協力関係を結んでいる。
- ● 今日，Ｍ＆Ａは大企業だけでなく，中小企業の間でも盛んに実施されている。

:::::::::::::::::::::::::::::::: 基 本 問 題 ::::::::::::::::::::::::::::::::

問1　次の文章の空欄に適切な語句を入れなさい。

(1) それぞれの企業が独立しながらも相互に出資して，業務提携以上に関係を深めていくことを（　①　）といい，出資した資金の割合を（　②　）という。

(2) 企業の合併・買収のことを，英訳した頭文字をとって（　③　）という。

(3) 一般に同一の業種でおこなわれる合併・買収は（　④　）によって低コストで優位性や独自性を確保しようとしていることが多い。

(4) 異なる業種でおこなわれる合併・買収は，経営の（　⑤　）を目的としていることが多い。

(5) 相手の企業またはその企業の事業部門を丸ごと買い取ったり，株式会社の株を買い取ったりすることを（　⑥　）という。

①................................　②................................　③................................　④................................

⑤................................　⑥................................

問2　次の文章が正しい場合は○を，誤っている場合は×を記入しなさい。

(1) 資本提携は，多くの場合，信用の厚い大規模な企業が，比較的中小規模の企業とおこなうことが多い。　　　　　　　　　　　　　　　　　　　　　　　　　　　　　　（　　　）

(2) 資本提携において，出資する企業が支配権の獲得を目的としていない場合，出資比率は5％程度のことが多い。　　　　　　　　　　　　　　　　　　　　　　　　　　　（　　　）

(3) 業務提携に比べ，資本提携は資金を出資しているので，提携を解除することが難しい。
　　　　　　　　　　　　　　　　　　　　　　　　　　　　　　　　　　　　　　　（　　　）

(4) 中小企業において，Ｍ＆Ａは後継者問題などを解決できる場合も多く，リスクもないため，積極的におこなったほうがよい。　　　　　　　　　　　　　　　　　　　　　　（　　　）

(5) Ｍ＆Ａの結果，現在の石油化学市場やセメント市場は大企業による独占市場となっている。　　　　　　　　　　　　　　　　　　　　　　　　　　　　　　　　　　　　　（　　　）

(6) 1950（昭和60）年以降の日本企業のＭ＆Ａの件数は，長期的にみると増加傾向にある。
　　　　　　　　　　　　　　　　　　　　　　　　　　　　　　　　　　　　　　　（　　　）

(7) 企業連合では，必ず協定を締結しなければならない。　　　　　　　　　　　　（　　　）

応用問題

問 資本提携について述べた文章として，最も適切なものを次のなかから一つ選びなさい。

ア．玩具やゲームソフトの開発をおこなっている企業が，携帯端末向けのアプリケーションを開発している企業とライセンス契約を結ぶことで，それぞれのノウハウや技術力を活用できるようになる。

イ．相手企業またはその企業の事業部門を買い取り，商品開発技術や設備，人材などを入手して，事業を拡大する。

ウ．それぞれの企業が独立しながらも相互に出資資金を出資する手法であり，提携した相手の経営成績や財政状態の変化に影響を受けやすい。

発展問題

問1 M＆Aの意味として，次のなかから正しいものを一つ選びなさい。

（商業経済検定第23回一部修正）

ア．販売委託とライセンス供与　　イ．合併と買収　　ウ．合弁と共同出資

問2 次の文章を読み，本文の主旨から，下線部のA社と提携先企業との双方の利点として，最も適切なものを一つ選びなさい。 （商業経済検定第27回一部修正）

　A社は，主に衣料品の化学繊維を開発し，製造，販売する大手企業である。繊維の開発には定評があったが，その繊維を用いてデザインの優れた個人向けの製品を開発し販売する力が不足していた。そのため，他のアパレルメーカーや小売業者と提携し，消費者ニーズをいち早く提供してもらったり，開発した繊維を優先して提供し，デザイン性の優れた衣料に加工して販売してもらったりすることで成長を図っている。他社との連携は，販売面でコストを削減できるといった有利な面が多く，さらなる高機能な繊維の開発に力を注ぐことを可能としている。

ア．技術面や業務面などの情報を共有しあうことができるので，対等合併に向けて効率的に交渉を進めることができる。

イ．技術面や業務面など互いに不足している分野を補いあうことで，市場において競合している他の企業に対して優位性を保つことができる。

ウ．技術面や業務面などで統合がなされ，互いに既存の事業に今まで以上に投資できたり，新規事業にも進出したりすることができる。

企業間連携と事業構造の再構築③

② 事業構造の再構築　③ 規模の経済と範囲の経済

● 合併には吸収合併と新設合併とがある。
● 企業間連携や事業構造の再構築をおこなうさいは，規模の経済と範囲の経済のバランスが重要である。

基本問題

問1　次の文章の空欄に適切な語句を入れなさい。

(2)　合併には，一つの会社が存続して，ほかの会社を吸収する（　①　）合併と，合併当事会社のすべてが解散・消滅し，新会社を設立する（　②　）合併とがある。

(3)　合併後の経営統合のマネジメントを（　③　）という。

(4)　ほかの会社を支配することを目的として設立された株式会社を（　④　）という。

(5)　生産量が増加するにつれて，商品1単位あたりのコストが下がることを（　⑤　）の経済という。

(6)　複数の事業を手がけることで，技術や設備，ノウハウなどの経営資源をより有効に活用でき，より効率的に売上高が計上できることを（　⑥　）の経済という。

①_____　②_____　③_____　④_____

⑤_____　⑥_____

問2　次の文章で正しいものには〇を，間違っているものには×を記入しなさい。

(1)　吸収合併は，規模の拡大を目指しておこなうほかに，経営破たんに陥った会社を救済するために，同業他社がおこなうこともある。　（　　　）

(2)　合併後の経営統合のマネジメントは，吸収合併のほうが円滑に進む可能性がある。
（　　　）

(3)　新設合併は吸収合併と比べて手続きが煩雑になるため，実務ではあまり利用されていない。　（　　　）

(4)　買収の場合であっても，複数の会社が包括的に一つになるという法的な効果はある。
（　　　）

(5)　一般に，ホールディングスとは事業をおこなっている持株会社（事業持株会社）のことを指している。　（　　　）

(6)　規模の経済を追求する場合には，業種の関連性が低い会社と会社が連携することが多いため，シナジー効果が発揮されやすくなる。　（　　　）

(7)　規模の経済は，固定費が大きい場合に働きやすい。　（　　　）

(8)　範囲の経済を追求すればするほど，コストの軽減化が図りやすい。　（　　　）

問　次の文章を読んで，問いに答えなさい。

　2017（平成29）年に，食品・食材宅配サービスを手がけるO株式会社と，有機野菜や無農薬野菜の食材宅配サービス業を手がけるD株式会社の合併がおこなわれた。この合併ではO社を存続会社としたうえで，O社とD社それぞれがもつサービスブランドは継続し，社名は新しくOD社へと変更された。

　(1)　このような合併を何というか答えなさい。

　(2)　(1)のかたちで合併をおこなった場合のメリットとして，適切でないものを次のなかから一つ選びなさい。
　　ア．合併したさい，存続会社の側が債務を継承する必要がない。
　　イ．業界におけるシェアを拡大することができる。
　　ウ．それぞれの会社がもつ技術やノウハウを共有することでシナジー効果が発揮できる。

発展問題

問1　次の文章の下線部のようなことを何というか，最も適切なものを一つ選びなさい。

（商業経済検定第19回一部修正）

　わが国を代表する自動車メーカーであるT社は，自動車の基礎となる車体（プラットホーム）をすべての車種で共通にすることで大量生産を可能にし，製品1単位あたりのコスト低下を図っている。
　　ア．アウトソーシングによるコスト削減
　　イ．規模の経済によるコスト削減
　　ウ．技術革新によるコスト削減

問2　次の文章の下線部を何というか，適切なものを一つ選びなさい。

（商業経済検定第31回一部修正）

　衣料品の製造小売業（SPA）のA社は，企画・生産・販売までを一貫しておこなっている。2015年11月末には，中国事業拡大で海外店舗数が，国内店舗数を上回り逆転した。2020年に売上高3兆円を目指して，企業間で株式会社の経営権そのものをめぐって展開される取引ではなく，既存の経営資源を利用した成長で海外展開を続け，グローバル化に対応しようとしている。
　　ア．信用創造　　イ．直接輸出　　ウ．合併・買収（M＆A）

経営資源の種類と最適化

第1節

① 経営資源の種類　② 経営資源の最適化

学習の要点

● 経営資源には，人的資源・物的資源・財務的資源・情報的資源がある。
● 競争優位性を確保するためには，経営資源を適正なかたちで組み合わせなければならない。

:::::::::::::::::::::::::::::: 基本問題 ::::::::::::::::::::::::::::::

問1　次の文章の空欄に適切な語句を入れなさい。

(1)　物的資源（モノ）とは，経営活動に用いられる（　①　）をさしている。

(2)　財務的資源（カネ）とは，経営活動に用いられる（　②　）全般をさしている。

(3)　（　③　）は経営活動に用いられる情報全般をさし，（　④　）の源泉としてみられることもある。

(4)　企業にとって，（　⑤　）や独自性を保つためには，長期的な経営戦略に適合した経営資源を集め，最も適正なかたちで組み合わせることが必要である。

①　--------------------------------　②　--------------------------------　③　--------------------------------

④　--------------------------------　⑤　--------------------------------

問2　次の文章が正しい場合は〇を，誤っている場合は×を記入しなさい。

(1)　企業が持続的に成長していくためには，企業の内外に存在する経営資源の有効活用が欠かせない。　　　　　　　　　　　　　　　　　　　　　　　　　　　　　　　　（　　　）

(2)　人的資源とは，経営活動に参加する人びとをさしているが，経営者や管理者は含めるが，生産や販売の現場で働く従業員は含めない。　　　　　　　　　　　　　　　　　（　　　）

(3)　人的資源は単に身体的な労働を提供するだけでなく，知的な部分でも経営活動に貢献している。　　　　　　　　　　　　　　　　　　　　　　　　　　　　　　　　　　　（　　　）

(4)　財務的資源は，人的資源である従業員の給料を支払ったり，物的資源である原材料を仕入れたりする時の資金となる。　　　　　　　　　　　　　　　　　　　　　　　　　（　　　）

(5)　物的資源とは生産活動に用いられる原材料や仕掛品のことであり，工場や機械装置，倉庫や配送設備などは含まない。　　　　　　　　　　　　　　　　　　　　　　　　　（　　　）

(6)　情報的資源には市場情報やノウハウ，知的財産だけでなく，組織文化も含まれる。

　　　　　　　　　　　　　　　　　　　　　　　　　　　　　　　　　　　　　　（　　　）

問1　次の文章を読んで，問いに答えなさい。

　人口が13億人を超え，面積も広いインドは自動車の販売市場としては極めて有望とされている。1983（昭和58）年当時，スズキ自動車がインド政府と合弁会社を設立した時点では，日本の自動車メーカーでインドの市場に参入しようとする企業はなかった。しかし，(a) インド市場の将来性を見抜いていたスズキ自動車は，消費者のニーズをくみとりながら，(b) 現地の優秀な人材を活用して低価格で実用的な小型車を生産し，現在ではインドにおける市場シェアの約50％を占めている。

(1)　下線部 (a) について，どの経営資源を用いて将来性を見抜くことができたのか，最も適切なものを次のなかから一つ選びなさい。

　　ア．人的資源　　イ．物的資源　　ウ．財務的資源　　エ．情報的資源

(2)　下線部 (b) について，どの経営資源に相当するのか，最も適切なものを次のなかから一つ選びなさい。

　　ア．人的資源　　イ．物的資源　　ウ．財務的資源　　エ．情報的資源

問2　次の文章を読んで，問いに答えなさい。

　企業にとって，(a) 競争優位性や独自性を保つためには，長期的な (b) 経営戦略に適合した経営資源を収集し，最も適正なかたちで組み合わせることが必要である。

(1)　下線部 (a) の説明として，最も適切なものを次のなかから一つ選びなさい。

　　ア．自社の提供する商品やサービスが，ほかの企業の提供する商品やサービスよりも優れていること。

　　イ．競合他社でも容易に真似することができるような技術やシステムを用いて，汎用性を重視すること。

　　ウ．工場や機械装置など物的資源を有効活用し，目に見えない情報的資源については重視しないこと。

(2)　下線部 (b) の説明として，最も適切なものを次のなかから一つ選びなさい。

　　ア．経営活動の長期的な方向づけのこと。

　　イ．経営者や企業の価値観を反映した根本原理のこと。

　　ウ．企業が経営のために必要とする資源のこと。

問　次の文中の＿＿＿＿にあてはまる語句を漢字4文字で記入しなさい。（商業経済検定第14回一部修正）

　企業にとって，人・物・金・情報は＿＿＿＿であるといわれている。そのなかでも，今日では情報が重視され，企業経営上必要な情報をどのように収集・処理・伝達し，管理・統制し，経営に役立てていくかを考えることが必要になっている。

人的資源のマネジメント①

第**2**節

① 人事・労務管理-採用・雇用

> 学習の要点
> ● 人的資源を活用するためには，人事・労務管理が重要である。
> ● 雇用の形態には正規雇用と非正規雇用がある。

:::::::::::::::::::::::::::::::::: 基本問題 ::::::::::::::::::::::::::::::::::

問1　次の文章の空欄に適切な語句を入れなさい。

(1)　企業が雇用する従業員を労働市場から募集，選考して雇用に関する契約を結ぶことを（　①　）という。

(2)　わが国では，（　①　）に関して，新卒（　②　）というしくみがとられてきた。

(3)　労働基準法では，10人以上の従業員を雇用する使用者に対して，（　③　）の作成を義務づけている。

(4)　雇用期間に定めがなく勤務時間はフルタイムである雇用の形態を（　④　）という。

(5)　雇用期間に定めがあるパートタイマーやアルバイト，契約社員といった雇用の形態を（　⑤　）という。

(6)　労働の対価である賃金だけでなく，人に関わる費用全般を（　⑥　）という。

①	②	③
④	⑤	⑥

問2　次の文章が正しい場合は○を，誤っている場合は×を記入しなさい。

(1)　会社が必要としている人員数を必要要員数というが，必要要員数は予算には影響を受けないのが原則である。　　　　　　　　　　　　　　　　　　　　（　　　）

(2)　採用計画を立案するにあたっては，経営戦略を意識する必要はない。　　（　　　）

(3)　企業が雇用契約を結ぶさいには，労働条件を文書で明示しなければならない。　（　　　）

(4)　給与の支払いや福利厚生をはじめとした従業員の待遇など，労働条件を管理することを人事管理という。　　　　　　　　　　　　　　　　　　　　　　　（　　　）

(5)　最近は正規雇用であっても職種や勤務地を限定した雇用区分を設ける企業もみられるようになっている。　　　　　　　　　　　　　　　　　　　　　　　（　　　）

(6)　労働基準法は労働条件における最低限守るべき基準を定めた法律であるが，労働基準法を下回る労働条件については，労働組合と使用者の合意があれば有効となる。　（　　　）

(7)　短時間勤務が多いパートタイマーやアルバイトは，一般に「短時間労働者」に分類される。

（　　　）

応用問題

問1　次の文章を読んで，問いに答えなさい。

　わが国では，(a) 企業が将来必要になる人員数を想定して，(b) 高校，専門学校，大学，短期大学などを卒業予定の学生を対象に，毎年一度，一括して採用するというしくみがとられている。採用が完了すると，企業と被採用者は ☐☐☐☐ を結ぶことになる。このとき，労働条件については文書で明示しなければならない。

(1) 下線部 (a) のことを何というか，最も適切なものを次のなかから一つ選びなさい。

　　ア．在籍要員数　　イ．必要要員数　　ウ．必要採用数

(2) 下線部 (b) のことを何というか，最も適切なものを次のなかから一つ選びなさい。

　　ア．人事・労務管理　　イ．有期雇用　　ウ．新卒一括採用

(3) 文中の ☐☐☐☐ にあてはまる語句を漢字4文字で記入しなさい。

問3　次の文中の ☐☐☐☐ にあてはまる適切な語句を，漢字7文字で記入しなさい。

　雇用期間に定めのある雇用の形態で，フルタイム勤務であるが年契約の契約社員や嘱託社員などを総称して，☐☐☐☐ という。

問4　企業が従業員を労働市場から募集するさいに，求職者に向けて企業が作成する労働条件などを示した書類を何というか，漢字3文字で記入しなさい。

発展問題

問　次の文中の ☐☐☐☐ にあてはまる適切な語句を一つ選びなさい。（商業経済検定第10回一部修正）

　労働基準法第89条では，常時10人以上の労働者を使用する使用者には労働条件を記載した ☐☐☐☐ 規則の作成と，労働基準監督署への届出義務が課されている。

　　ア．就業　　イ．雇用　　ウ．労働

人的資源のマネジメント②

第**2**節

② 人事・労務管理-ジョブローテーション（配置換え）　③ 人事・労務管理-研修

> **学習の要点**
> ● 採用後にはジョブローテーション（配置換え）がおこなわれる。
> ● 業務に応じた能力を身につけさせるために研修がおこなわれる。

:::::::::::::::::::::::::::::::: 基 本 問 題 ::::::::::::::::::::::::::::::::

問1　次の文章の空欄に適切な語句を入れなさい。

(1) 企業に採用されて，一定の年数が経過すると，（　①　）（配置換え）がおこなわれる。

(2) 業務に関しては，それぞれの（　②　）があるため，（　①　）（配置換え）によってそれを確認する。

(3) 業績や能力を見込まれて企業内における地位が上がっていくことを（　③　）という。

(4) 企業が業務に応じた能力を従業員に身につけさせるためにおこなう教育を（　④　）という。

(5) （　④　）のうち，企業の現場で業務をこなしながら知識や技術などを身につけていくことを（　⑤　）といい，企業の現場を離れ，講師から講義を受けて技術を習得していくことを（　⑥　）という。

(6) 従業員が能力を伸ばす方法として，自ら能力開発をおこなうことを（　⑦　）という。

① _____　② _____　③ _____

④ _____　⑤ _____　⑥ _____　⑦ _____

問2　次の文章の下線部について，正しい場合には○を，誤っている場合は正しい語句を記入しなさい。

(1) 特定の業務のみをおこなっていると，その業務に関しては熟練度が増すが，一方で企業全体を見渡すことが難しくなる。

(2) Off-JTの利点は，業務に必要な技術を早く学べる点である。欠点は，体系的な知識を得ることができない点である。

(3) 自己啓発は，従業員自らが自己啓発目標を決めることから始まる。これは，業務を遂行するうえで，どのようなことができるようになりたいかという目標である。

(4) 企業内でこうした仕事をしたい，そのためにはこうした能力が必要だといった短期的な視点をもつことが大事である。

(5) 幅広い知識をもって，さまざまな業務に対応できる人のことをスペシャリストという。

(1)		(2)		(3)		(4)		(5)	

〰〰〰〰〰〰〰〰〰〰〰〰〰 応 用 問 題 〰〰〰〰〰〰〰〰〰〰〰〰〰

問　次のＡ群の用語に最も関係の深い文を，Ｂ群から選びなさい。

【Ａ群】

　①リスキリング　　②適性　　③社内昇進　　④自己啓発

【Ｂ群】

　ア．ある分野やものごとに対して，どのくらい適応できるのかという性質のこと。

　イ．業績や能力を見込まれて企業内における地位が上がっていくこと。

　ウ．自ら能力開発をおこなっていくこと。

　エ．従業員を再教育して新たなスキルを習得させること。

　　　　　　　　　　　　　　　　①　　　　　　②　　　　　　③　　　　　　④
　　　　　　　　　　　　　　　⌐⌐⌐⌐⌐⌐⌐⌐⌐⌐⌐⌐⌐⌐⌐⌐⌐⌐⌐⌐⌐⌐⌐⌐⌐⌐⌐⌐⌐⌐⌐⌐⌐⌐⌐⌐⌐

══════════════ 発 展 問 題 ══════════════

問　次の文章を読んで，問いに答えなさい。　　　　　　（商業経済検定第11回一部修正）

　渡辺さんは，東京都内のＨ百貨店に入社した新入社員である。人事部長との面接を経て，銀座店の営業部婦人雑貨課に配属が決まっている。配属決定後，渡辺さんは自分から進んで休日を利用し，会社からも紹介があった販売に関する資格の取得や，販売技術の向上を目的に各種の技能講習会に参加することを決めた。

渡辺さんの４月研修スケジュール表

期　　　間	内　　　　　容	場　　　　　所
1日	入社式	新宿プラザホール
2日〜5日	新入社員合宿（各種ビジネスゲーム含む）	富士山青年の家
7日〜11日	売場実習前教育	Ｈ百貨店銀座店人事教室
14日〜30日	売場仮配属実習	婦人雑貨課

(1)　下線部のような従業員の能力開発の方法として，次のなかから正しいものを一つ選びなさい。

　ア．目標管理　　イ．小集団活動　　ウ．自己啓発

(2)　表の14日から30日の期間に渡辺さんが受けた研修として，次のなかから正しいものを一つ選びなさい。

　ア．モラール・サーベイ　　イ．キャリア・デベロップメント　　ウ．OJT

人的資源のマネジメント③

④ 人事・労務管理‐雇用調整　⑤ 人事・労務管理‐年功序列型賃金と終身雇用

学習の要点
● 雇用調整には数量調整と雇用調整がある。
● 成果主義を取り入れる企業が増えてきている。

:::::::::::::::::::::::::::::::: 基 本 問 題 ::::::::::::::::::::::::::::::::

問1　次の文章の空欄に適切な語句を入れなさい。

(1)（　①　）とは，企業活動に要する適正な雇用量を確保するために既存の雇用量を調整することである。

(2) 余剰化している雇用量を直接削減することを（　②　）という。具体的には採用人数の抑制や解雇，人事異動などがある。

(3) 所定外労働時間を抑制するなどして雇用量を調整することを（　③　）という。

(4) わが国においても，近年では仕事の成果に応じて賃金や昇進を決定する（　④　）を取り入れる企業が増えてきている。

(5) 職務の遂行能力を基準として給料や賃金を決定することを（　⑤　）という。

①_____　②_____　③_____　④_____

⑤_____

問2　次の文章の下線部について，正しい場合には○を，誤っている場合は正しい語句を記入しなさい。

(1) 数量調整をおこなう場合には，就業規則などで定められた所定労働時間の変更は難しいので，所定外労働時間で調整する方法がとられる。

(2) わが国の伝統的な人事・労務管理の特徴として，年功序列型賃金と終身雇用が挙げられる。

(3) 企業は，成果主義によって効率的に人件費を削減できるだけでなく，従業員の動機づけにつなげることができる。

(4) 雇用量とは，従業員の人数×労働時間で求められる労働投入量をさしている。

(5) 企業が従業員を解雇するにあたっては，労働基準法で「客観的に合理的な理由を欠き，社会通念上相当であると認められない場合」は無効とすることが定められている。

(1)	(2)	(3)	(4)	(5)

問　次の文章を読んで，問いに答えなさい。

　日用品化学メーカーの花王は1965（昭和40）年から従業員の能力開発に取り組み，2000（平成12）年ごろから職種や階層ごとの (a) 成果主義を取り入れている。たとえば製造部門であれば評価基準に習熟度を加味したり，研究開発部門であれば研究の成果やそのプロセスを評価基準に組み入れたりしている。目標に対する達成の度合いを評価し，自己評価や面談をふまえたうえで，(b) 管理職から改善点の指導や次の目標設定などについて指導を受けるという流れになっている。成果主義を採用して失敗した企業もあるなかで，花王の成果主義は成功しているといわれている。

（1）　下線部 (a) の説明として，最も適切なものを次のなかから一つ選びなさい。

　　ア．年齢や勤続年数に応じて賃金が上がっていく制度。

　　イ．仕事の成果に応じて，賃金や昇進を決定する人事方針。

　　ウ．労働時間に１時間あたりの賃率を掛けて賃金を決定する制度。

（2）　下線部 (b) のことを何というか，最も適切なものを次のなかから一つ選びなさい。

　　ア．ジョブローテーション　　　イ．行政指導　　　ウ．フィードバック

発 展 問 題

問　次の文章を読んで，問いに答えなさい。　　　　　　　　　　（商業経済検定第28回一部修正）

　A社は，わが国の多くの企業がおこなっている (a) 従業員を入社から定年まで継続して長期間，企業に勤務させる慣行に大きな変更を加えていこうと考え，年功序列型の賃金制度を廃止して (b) 成果主義型の賃金制度を採用したり，積極的に中途採用をおこなったりしている。この一連の取り組みにより，若手従業員の勤労への意欲が増すとA社は考えた。その一方で，(c) 定年までの長期雇用や年功序列制といったわが国の雇用慣行の長所にも注意を向けつつある。

（1）　下線部 (a) を何というか，漢字４文字で記入しなさい。

（2）　下線部 (b) の説明として，最も適切なものを次のなかから一つ選びなさい。

　　ア．あらかじめ日給が決められ，勤務日数により賃金を決定する制度。

　　イ．勤続年数が長くなれば，次第に賃金が上がっていく制度。

　　ウ．個人の仕事の実績に応じて，賃金を決定する制度。

（3）　下線部 (c) の説明として，最も適切なものを次のなかから一つ選びなさい。

　　ア．若手従業員の勤労意欲が増し，有能な人材の雇用が増え，社内が活性化する。

　　イ．急激な技術の進展や環境の変化に対しても社内の人材だけで容易に対応することができる。

　　ウ．労使関係が安定化し，従業員の企業への忠誠心も増すため，家族的な経営が可能になる。

人的資源のマネジメント④

⑥ 労使関係管理　⑦ 福利厚生制度

● わが国では労働三権が保障されている。
● 福利厚生制度には法定福利と法定外福利の2種類がある。

:::::::::::::::::::::::::::::::: 基本問題 ::::::::::::::::::::::::::::::::

問1　次の文章の空欄に適切な語句を入れなさい。

(1)　労使関係には，（　①　）な労使関係と集団的な労使関係の2種類がある。

(2)　集団的な労使関係において，労働者側が組織する団体を（　②　）という。

(3)　欧米では産業別労働組合が中心的な役割を果たしているが，わが国では（　③　）別労働組合が中心的な役割を果たしているのが特徴である。

(4)　労働三権とは，団結権・団体行動権・（　④　）権のことである。

(5)　労働者およびその家族の福祉の向上のために，賃金以外のかたちで使用者が給付するものを総称して（　⑤　）という。

(6)　健康保険や厚生年金保険，労働保険などの（　⑥　）保険の制度にもとづいて，使用者が法律で義務づけられた保険料を負担するのは，法定福利である。

(7)　社宅の提供や娯楽施設・体育施設の提供など，使用者が独自の裁量にもとづいて任意でおこなっている福利厚生を（　⑦　）という。

①　　　　　　　②　　　　　　　③　　　　　　　④

⑤　　　　　　　⑥　　　　　　　⑦

問2　次の文章の下線部について，正しい場合には○を，誤っている場合は正しい語句を記入しなさい。

(1)　集団的な労使関係では，労働者は使用者に対して立場が弱く，不利な立場におかれやすい。

(2)　わが国では職業別労働組合が中心的な役割を果たしている。

(3)　期間の定めのある雇用契約において，雇用期間が満了したときに，使用者が契約を更新せずに労働者をやめさせることを解雇という。

(4)　健康保険や厚生年金保険は，基本的には労使折半というかたちがとられる。

(5)　労務保険とは，労働者災害補償保険（労災保険）と雇用保険の総称である。

(1)	(2)	(3)	(4)	(5)

～～～～～～～～～～～ **応用問題** ～～～～～～～～～～～

問　次のA群の用語に最も関係の深い文をB群から選び，記号で記入しなさい。

【A群】
　①健康保険　　②厚生年金保険　　③労働者災害補償保険　　④雇用保険

【B群】
　ア．労働者が通勤途中や業務に従事しているときに起きた災害に対して，使用者が負う責任を担保する社会保険制度
　イ．企業に勤める従業員や公務員などが加入する公的年金制度
　ウ．病気やけがなどをしたときに，治療費の給付をおこなう社会保険制度
　エ．失業した場合の失業給付や教育訓練などの給付と同時に，雇用安定事業や能力開発事業をおこなう制度

①＿＿＿＿　②＿＿＿＿　③＿＿＿＿　④＿＿＿＿

══════════ **発 展 問 題** ══════════

問1　次の文章の[　　]にあてはまる語句を漢字2文字で記入しなさい。

(商業経済検定第3回一部修正)

　わが国の企業経営の特徴を労務管理の面からみると，終身雇用制，年功序列型賃金制，[　　]別組合制の三点があげられる。

＿＿＿＿＿＿＿＿＿＿

問2　次の文章の下線部の説明として，最も適切なものを次のなかから一つ選びなさい。

(商業経済検定第21回一部修正)

　A社では新たにすべての管理職や従業員の一部に対し，成果主義にもとづく賃金制度を取り入れている。
　ア．担当する仕事の種類，雇用条件のほか，同業他社の賃金水準と均衡を図りながら決定していく賃金体系
　イ．賃金を決定するにあたり，昇給額として毎年の物価上昇分を賃金に上乗せして算定していく賃金体系
　ウ．目標をあらかじめ設定し，その達成度や従業員のもつ能力を企業側が客観的に評価し決定していく賃金体系

問3　企業が労働意欲を向上させるために従業員およびその家族に対しておこなう，社会保険料の事業主負担および社宅の提供やレクリエーション活動補助など給与以外の利益や満足をもたらす制度を何というか，漢字4文字を補って正しい用語を完成させなさい。

(商業経済検定第30回一部修正)

				制度

人的資源のマネジメント⑤

⑧ 納税事務のマネジメント　⑨ 日本の人事・労務管理の変容　⑩ ダイバーシティ経営

学習の要点

● 所得税には源泉徴収制度がある。
● 非正規雇用の割合が高まっている。
● ダイバーシティ経営は働き方の多様性や新しい採用方法につながっている。

基本問題

問1　次の文章の空欄に適切な語句を入れなさい。

(1)　所得税については，納税者の負担能力に応じて税率が上がっていく（　①　）制度が採用されている。

(2)　納税の義務を負っている従業員の賃金から所得税を差し引き，企業が代わりに所得税を国に納付するしくみを（　②　）制度という。

(3)　従業員が納めるべき住民税などの（　③　）や社会保険料を企業が代わって国や地方に納付するしくみを（　④　）制度という。

(4)　性別や人種，年齢，価値観，言語などにとらわれずに，多様な個性をもつ人的資源を受け入れていく経営を（　⑤　）経営という。

①　　　　　　　　　　　　　②　　　　　　　　　　　　　③

④　　　　　　　　　　　　　⑤

問2　次の文章の内容が正しい場合は○を，誤っている場合は×を記入しなさい。

(1)　特別徴収制度では，企業が従業員の代わりに納付するのは住民税のみである。　（　　　）

(2)　所得税は4月1日から3月31日までの1年間に得た所得に対して課税される。　（　　　）

(3)　自営業者が直接国や地方に申告して税金を納める制度を普通徴収制度という。　（　　　）

(4)　地方公共団体に納める税金を地方税といい，住民税と地方消費税の二つがある。（　　　）

(5)　非正規雇用の高まりは，企業にとって年功序列型賃金や終身雇用の重要性を相対的に低下させている。　　　　　　　　　　　　　　　　　　　　　　　　　　　　　　　　　（　　　）

(6)　企業が多様な個性をもつ人的資源を受け入れていくことで，画一的な働き方へとつながっている。　　　　　　　　　　　　　　　　　　　　　　　　　　　　　　　　　　　　（　　　）

応用問題

問　次の文章を読んで，問いに答えなさい。

　日本的経営を支えるシステムとして，(a)大学や高校を卒業したばかりの学生を新規に採用し，定年まで雇用するシステムや(b)勤続年数が長くなればなるほど社内昇進もしやすく賃金も上がるといったシステムが挙げられる。こうしたシステムは家族的な経営を可能にし，従業員も企業に対して忠誠心をもちやすいというメリットがある一方で，価値観や個性は均質化しやすいというデメリットがあった。そこで，斬新な発想や意思決定をおこなうために，(c)性別や人種，年齢，価値観などにとらわれずに多様な個性を受け入れていく経営をめざす企業も増えてきている。

(1)　下線部 (a) を何というか，最も適切なものを次のなかから一つ選びなさい。

　　ア．非正規雇用　　イ．終身雇用　　ウ．雇用調整

(2)　下線部 (b) を何というか，最も適切なものを次のなかから一つ選びなさい。

　　ア．年功序列型賃金　　イ．成果主義型賃金　　ウ．職能給型賃金

(3)　下線部 (c) を何というか，最も適切なものを次のなかから一つ選びなさい。

　　ア．プラットフォームビジネス　　イ．企業統治　　ウ．ダイバーシティ経営

発展問題

問1　「派遣社員」の説明として，最も適切なものを次のなかから一つ選びなさい。

（商業経済検定第23回一部修正）

　　ア．収入は一般的に不安定で，人員調整の対象になりやすい。

　　イ．収入は一般的に不安定で，人員調整の対象にはなりにくい。

　　ウ．収入は一般的に安定しており，人員調整の対象となりにくい。

問2　「累進課税」の説明として，最も適切なものを次のなかから一つ選びなさい。

（商業経済検定第24回一部修正）

　　ア．会社員，自営業，農業などの職業により，所得税の税負担率が異なる課税制度

　　イ．所得の額により，高所得者ほど税負担率が高く，低所得者ほど低くする課税制制度

　　ウ．配偶者や子供など所得者の扶養家族の数により，所得の税負担率が異なる課税制度

人的資源のマネジメント⑥

⑪ 人間関係管理 – 集団の行動様式　⑫ 人間関係管理 – リーダーシップ

学習の要点
● 集団には，その集団独特の行動の仕方がある。
● リーダーシップには，支配型と非支配型とがある。

基本問題

問1　次の文章の空欄に適切な語句を入れなさい。

(1) 集団には，その集団独特の行動の仕方があり，これを集団の（　①　）という。

(2) 集団の（　①　）が形成されるまでには，構成員の相互の円滑なコミュニケーションの積み重ねや（　②　）（対立や軋轢）の解決が欠かせない。

(3) ドラッカーは，リーダーシップは個人の資質ではなく，一つの「（　③　）」であり，誰でも習得することができると説いている。

(4) 支配型のリーダーシップを研究した人物として（　④　）が挙げられる。

(5) 集団のなかで共有されている法律などの決まりによって根拠づけられる支配のことを（　⑤　）的支配という。

(6) 昔から受け継がれるしきたりによって正当化される支配のことを（　⑥　）的支配という。

(7) 人びとを惹きつける特異な能力や名声，人気などによって正当化される支配を（　⑦　）的支配という。

(8) 非支配型のリーダーシップとして，リーダーはまず相手に奉仕し，その後相手を導くものであるという考え方の（　⑧　）・リーダーシップがある。

①	②	③	④

⑤	⑥	⑦	⑧

問2　次の文章の内容が正しい場合は○を，誤っている場合は×を記入しなさい。

(1) 従業員が円滑に業務にうちこむためには，安定した人間関係の構築が重要である。
（　　）

(2) 集団の構成員が相互に円滑なコミュニケーションを積み重ね，コンフリクトを解決していくことで，集団の行動様式が形成されていく。
（　　）

(3) リーダーシップは先天的なものであり，意識することで鍛えられるものではない。
（　　）

問1　次のA群の用語に最も関係の深い文をB群から選びなさい。

【A群】

①合法的支配　　②伝統的支配　　③カリスマ的支配　　④サーバント・リーダーシップ

【B群】

ア．ホームランで世界一の記録を持っている選手が，引退後に監督に就任し，チームを優勝に導いた。

イ．アメリカでは州ごとに選挙人を選出し，その選挙人が投票することで大統領が決定される。

ウ．資生堂の社長は，顧客に奉仕するために店舗があり，店舗を支えるために本社や経営者があるという現場主義を唱えた。

エ．東アフリカのある部族では世襲の長老が意思決定をおこない，若年者がその意思決定を受けて行動している。

①………………　②………………　③………………　④………………

問2　次の文章を読んで，問いに答えなさい。

　資生堂は化粧品業界では最大の市場シェアを占める大企業である。2001（平成13）年に資生堂の代表取締役に就任したI氏は，(a)「至哉坤元　万物資生」（大地の徳は素晴らしく，すべてのものはここから生まれる）という創業の精神にたちかえり，新しい価値を創造して，顧客や社会に貢献するという姿勢を打ち出した。

　さらに，「店頭起点」（店頭がすべての始まりである）という姿勢を打ち出し，販売店（店頭）を担当者が支え，担当者を支社が支え，支社を本社が支え，最終的には代表取締役が本社を支えるという逆ピラミッドの経営方針を打ち出した。(b)POSシステムの導入やブランドの絞り込みなどの改革と並行して，代表取締役自身が現場と密にコミュニケーションをとり，資生堂全体を「店頭起点」へと導いた。また，社内の人事評価を目標売上高から顧客満足度を基準にしたものに変更するなどした。

(1)　下線部(a)のように，企業の存在意義を示す経営上の信念や信条を何というか，最も適切なものを次のなかから一つ選びなさい。

　　ア．経営目標　　イ．経営計画　　ウ．経営理念　　………………

(2)　下線部(b)のような統率を何というか，最も適切なものを次のなかから一つ選びなさい。

　　ア．サーバント・リーダーシップ　　イ．カリスマ的支配　　ウ．合法的支配　　………………

人的資源のマネジメント⑦

⑬ 人間関係管理 – 人間関係管理の諸理論

学習の要点

● 科学的管理法で標準的な作業量という概念が生まれ，管理過程理論ではマネジメントが6つに分類された。
● ホーソン実験によって人間関係管理の重要性が認識され，組織均衡論で組織の存続条件が明らかにされた。

:::::::::::::::::::::::::::::::: 基 本 問 題 ::::::::::::::::::::::::::::::::

問1　次の文章の空欄に適切な語句を入れなさい。

(1)　主観的で計測不可能とされてきた工場労働者の作業を，動作研究によって最速最適な動作を分析し，標準的な作業量（（　①　））を計測した管理方法を（　②　）という。

(2)　フランスのファヨールは企業のマネジメントを六つにまとめ，管理活動が最も重要とした。これを（　③　）という。

(3)　メイヨーとレスリスバーガーによる（　④　）実験は，職場の人間関係や仕事に対する思いといった感情的な部分と生産性の関係を明らかにした。

(4)　バーナードとサイモンによる（　⑤　）では，組織の存続条件として，構成員の誘因と（　⑥　）のバランスが重要であると説いている。

①	②	③
④	⑤	⑥

問2　次の文章の内容が正しい場合は〇を，誤っている場合は×を記入しなさい。

(1)　テイラーの理論を応用して，ある自動車メーカーはフォード・システムという生産システムを生みだした。　　　　　　　　　　　　　　　　　　　　　　　　　　　　（　　　）

(2)　テイラーは，工場労働者の作業量を効率的に管理するにあたって，新人の労働者の作業量を観察して標準的な作業量を算出した。　　　　　　　　　　　　　　　　　　（　　　）

(3)　ホーソン実験によって，従業員の労働意欲は，職場の人間関係よりも賃金などの労働条件と関係があることがわかった。　　　　　　　　　　　　　　　　　　　　　　　（　　　）

(4)　企業が従業員に与える誘因が月給50万円で，従業員が企業に与える貢献が30万円とすれば，従業員は企業にとどまると考えられる。　　　　　　　　　　　　　　　　　　（　　　）

問　ファヨールによる管理活動のプロセスについて，下の図の空欄に適切な語句を解答群から選びなさい。

［**解答群**］　ア．統制　　イ．誘引　　ウ．命令　　エ．貢献　　オ．生産

① 　　　　　②

═══════════════ 発 展 問 題 ═══════════════

問　次の文章を読んで，問いに答えなさい。　　　　　　　　　（商業経済検定第9回一部修正）

　企業では，多くの人々が能率的に仕事を進める必要がある。この考え方を科学的に具体化したものが，テイラーやフォードである。彼らによって提唱された科学的管理法は産業界に大きな影響を与えた。

　テイラーの提唱した方法を(a)科学的管理法という。この科学的管理法は，作業能率の向上に一定の成果を上げたが，作業の単純化や標準化が極度に進められ，作業者から多くの不満がでるようになった。こうした背景のもとにおこなわれたのが(b)ホーソン実験である。

(1) 下線部(a)の内容として，最も適切なものを次のなかから一つ選びなさい。

　　ア．標準的な作業量を定め，これを達成した者とそうでない者とに賃率の差をつけて管理した。

　　イ．作業者のやる気を重視して，作業の手順を自発性にゆだねた。

　　ウ．従業員の貢献よりも企業の誘引を多くするように配慮した。

(2) 下線部(b)について，この実験の結果明らかになったことはどのようなことか，最も適切なものを次のなかから一つ選びなさい。

　　ア．生産性を高めるには，賃金を高くすることが最も大切である。

　　イ．生産性を高めるには，工場内の照明を明るくすればするほどよい。

　　ウ．生産性を高めるには，人間関係など作業員の感情的な部分を重視するべきである。

第2節 人的資源のマネジメント⑧

⑭ 人間関係管理 – 人材活用の諸方法

● 企業が従業員の力を引き出すためには，モラールの向上が欠かせない。
● 欲求を満足させようとする気持ちを動機づけ（モチベーション）という。

:::::::::::::::::::::::::::::::::: 基 本 問 題 ::::::::::::::::::::::::::::::::::

問1　次の文章の空欄に適切な語句を入れなさい。

(1) 集団における士気を（　①　）という。

(2) 心理学者の（　②　）は，人間の欲求を5段階の階層にして，人間の欲求は階層の下位にある欲求が満たされると，上位の階層の欲求が生じると提唱した。

(3) 整理・整頓・清掃・清潔・しつけをさして，（　③　）活動という。

(4) ハーズバーグは満足を生み出す要因を（　④　）要因といい，不満足を生み出す要因を（　⑤　）要因とよんだ。

(5) ジョブローテーションや勤務評価などを実施するさいの資料を，従業員本人からの申告を通じて収集する制度を（　⑥　）制という。

① _____　　② _____　　③ _____

④ _____　　⑤ _____　　⑥ _____

問2　次の文章の下線部について，正しい場合には〇を，誤っている場合は正しい語句を記入しなさい。

(1) 「自分で考え，自分で工夫しながらやってみて，上手くいったら人から褒められる」という過程を経ることで，モチベーションを向上させることができる。

(2) 整頓とは不要なものを捨てることをいい，たとえばスーパーマーケットなどで賞味期限切れの在庫があれば，廃棄することをさす。

(3) 清掃とはきれいに掃除をしながら，あわせて点検することをさし，たとえばコンビニエンスストアなどでクレンリネスを維持することをさす。

(4) ハーズバーグによれば，動機づけ要因をいくら取り除いても，満足を生み出すことにはつながらない。

(5) カウンセラーが職場での悩み事の相談にのることで，悩みを和らげていくことをカウンセリングという。

(1)	(2)	(3)	(4)	(5)

~~~~~~~~~~~~~~~~~~~~~~~~ **応 用 問 題** ~~~~~~~~~~~~~~~~~~~~~~~~

問　次の図の空欄にあてはまる語句を解答群から一つずつ選びなさい。

自己実現欲求

（　①　）欲求

（　②　）欲求

安全欲求

（　③　）欲求

[**解答群**]　ア．保全　　イ．社会的　　ウ．報酬　　エ．尊厳　　オ．生理的

　　　　　　　　　　　　　　　　　　　①　　　　　　②　　　　　　③

=========================== **発 展 問 題** ===========================

問1　次の文章の下線部について，店長が向上させたかったものは何か，最も適切なものを一つ
　　選びなさい。　　　　　　　　　　　　　　　　　　　（商業経済検定第13回一部修正）
　株式会社ＦＳ社は，日本最大級のショッピングセンターの中核店として出店し，開店当時外商
部係長だったＴ氏は異例の大抜擢で，常務取締役兼店長に就任した。Ｔ氏はただちに，「会社存続
の方法はこれしかない」と社員一人ひとりに語りかけ，協力とやる気を喚起した。
　　ア．アイディア　　　イ．モラール　　　ウ．リーダーシップ

問2　Ａ.Ｈ.マズローが発表した欲求5段階説によると，人間の欲求の構造は5つの次元に分か
　　れ，最も低い生理的欲求から最も高い自己実現欲求に達し，人間は低次の欲求を満たすとさ
　　らに高次の欲求を満足させるように行動する。このとき自己実現欲求について，最も適切な
　　説明を次のなかから一つ選びなさい。
　　ア．自分で働いて得た賃金により，物品を購入し満たされる欲求
　　イ．組織のなかで尊敬され，自分に注目を集めたいという欲求
　　ウ．自分の目標を達成し，それによる満足感を得ようという欲求

問3　自発性や創意を活用したいという従業員の欲求のために，意思決定の余地を十分に与える
　　という方策をとっている企業は，従業員のどの欲求を重視しているか，次のなかから最も適
　　切なものを一つ選びなさい。　　　　　　　　　　　　（商業経済検定第2回一部修正）
　　ア．生理的欲求　　　イ．社会的欲求　　　ウ．自己実現欲求

物的資源のマネジメント①

① 生産方式の種類

> ● 大量生産にはフォード・システムという生産方式が活用されている。
> ● 必要なものを必要な時に必要な量だけ生産するしくみをジャスト・イン・システムという。

基本問題

問1　次の文章の空欄に適切な語句を入れなさい。

(1) 商品ごとに一定の数量にまとめ，その一定の数量単位で生産をおこなう手法を（ ① ）生産という。

(2) 一種類の商品を連続して生産することを（ ② ）生産という。

(3) 生産量の増加にともない，平均費用が低下し，収益性が向上することを（ ③ ）の経済という。

(4) 船や飛行機の生産のように，一つひとつの商品を生産していくことを（ ④ ）生産という。

(5) テイラーの科学的管理法を念頭に，機械部品の規格化やコンベヤーによる移動組立法を取り入れ，商品を大量生産する生産方式を（ ⑤ ）・システムという。

(6) トヨタ自動車がジャスト・イン・タイムを体現するために考え出した方式を（ ⑥ ）方式という。

① _____　② _____　③ _____　④ _____

⑤ _____　⑥ _____

問2　次の文章が正しい場合は○を，誤っている場合が×を記入しなさい。

(1) 商品の種類が少なかった時代の主流はロット生産であったが，消費者の好みが多様化するにつれて個別生産が取り入れられるようになった。（　　　）

(2) ロットの設定は商品の性質が関係するため，一般的な取り決めはない。（　　　）

(3) かんばん方式では，後ろの工程が前の工程に必要な部品の数量などを指示することで，過剰在庫を抱えないようにしている。（　　　）

(4) 適正な在庫をもつという観点から，フォード・システムという発想が生まれた。（　　　）

(5) フォード・システムは，一つひとつの仕様が異なるような受注商品の生産に適している。

（　　　）

問　次の文章を読んで，問いに答えなさい。

　必要な部品などを必要な時に必要な量だけ生産し，供給できるようなしくみのことを　①　という。このしくみによって，ムダを徹底的に省き，在庫を削減することができる。このしくみを採用する前提として，前の工程が送られてくる商品や仕掛品，部品には不具合がないということがある。たとえば１個でも不良な部品や仕掛品が混在していると生産活動が停止してしまうため，なるべく商品ごとの一定の数量でまとめる単位を少なくしておいたほうがよい。たとえば，30個まとめて生産するよりも，10個単位で生産したほうが，不良品を発見しやすい。こうしたしくみを具体化したのが，トヨタ自動車の　②　方式であり，この方式では後ろの工程が前の工程に必要な商品や仕掛品，部品などの数量を指示している。

(1)　文中の　①　にあてはまる語句として，最も適切なものを次のなかから一つ選びなさい。

　　ア．フォード・システム　　イ．規模の経済　　ウ．ジャスト・イン・システム

(2)　文中の下線部のことを何というか，最も適切なものを次のなかから一つ選びなさい。

　　ア．ロット　　イ．パレット　　ウ．ブロック

(3)　文中の　②　にあてはまる語句として，最も適切なものを次のなかから一つ選びなさい。

　　ア．連続生産　　イ．かんばん　　ウ．Ｔ型フォード

発展問題

問１　ヘンリー・フォードによって実現されたものはどれか，最も適切なものを次のなかから一つ選びなさい。　　　　　　　　　　　　　（商業経済検定第４回一部修正）

　ア．標準時間に対して時間を節約したとき，時給の一部に加給した。

　イ．能率を刺激するために，労働者の出来高に応じて賃金を支払った。

　ウ．機械部品の規格化やコンベヤーによる移動組立法を導入し，大衆に安価な製品を提供した。

問２　ジャスト・イン・タイム方式の説明として，最も適切なものを次のなかから一つ選びなさい。　　　　　　　　　　　　　　　（商業経済検定第８回一部修正）

　ア．在庫をほとんどもたないことによって費用を削減し，経営を効率化しようとする方式

　イ．一定の時期がくると現有在庫量と最高在庫量の差を発注することで，一定の在庫量を確保する方式

　ウ．現有在庫量が一定量を下回ったときあらかじめ決めた量を発注することによって，一定の在庫量を確保する方式

物的資源のマネジメント②

② 調達ルートの管理　③ 原価の管理　④ 品質の管理　⑤ 日程の管理

● メーカーの生産活動にあたっては，原材料などの調達ルートや原価の管理，品質の管理，日程の管理が重要である。

基本問題

問1　次の文章の空欄に適切な語句を入れなさい。

(1)　原材料の調達にあたっては，基本的に調達先を絞り込むことによって大量仕入れをおこない，（　①　）の低減を図ることが原則となる。

(2)　生産プロセスにおいて，原材料やエネルギーなどのロスを物量とコストで見える化する原価計算の手法を（　②　）会計という。

(3)　欠陥製品を製造業者が自ら公表して，製品をいったん回収して無料で修理することを（　③　）という。

(4)　製造物の欠陥による製造業者等の損害賠償の責任のことを（　④　）という。

(5)　作業が複雑に関連する業務を対象に，図を用いて計画・評価するために開発された日程管理の手法を（　⑤　）という。

(6)　製造物の欠陥による製造業者等の損害賠償責任を製造物責任といい，（　⑥　）法（製造物責任法）に規定されている。

(7)　全体の工程の遅れにつながる作業経路のことを（　⑦　）という。

① _____ ② _____ ③ _____

④ _____ ⑤ _____ ⑥ _____

⑦ _____

問2　次の文章の内容が正しい場合は〇を，誤っている場合は×を記入しなさい。

(1)　原材料を調達するさいは，調達先を絞り込んで，その時必要な数量のみを仕入れることが原則となる。　　　　　　　　　　　　　　　　　　　　　　　　　（　　　）

(2)　マテリアルフローコスト会計を導入することによって，生産活動における作業くずや石油などの燃料も削減できるので，環境負荷も低減できることになる。　　（　　　）

(3)　製造物の欠陥による製造業者等の損害賠償の責任のことを社会的責任という。　（　　　）

応用問題

問　次の文章を読んで，問いに答えなさい。

　菓子・食品メーカーのＣ社はわが国のポテトチップス市場でトップシェアを占めており，同社が販売しているポテトチップスはロングセラーとなっている。(a) 同社では原材料のジャガイモを一括購入し，同時に大量販売することによって，製造原価を引き下げている。一括購入することによって，農家との関係性も深まり，安定した原材料の供給体制を構築することにもつながった。また，(b) 仕入れたジャガイモをすぐ販売することで，在庫を減らし，鮮度の高いポテトチップスを店頭に並べることができるようになった。

(1)　下線部 (a) について，このことを何というか，最も適切なものを次のなかから一つ選びなさい。

　　ア．範囲の経済　　　イ．規模の経済　　　ウ．グローバルな経済

(2)　下線部 (b) の説明として，最も適切なものを次のなかから一つ選びなさい。

　　ア．調達ルートや原価の引き下げは重要だが，品質面が何よりも重要である。

　　イ．品質を多少犠牲にしても，調達ルートの確保さえしておけばよい。

　　ウ．在庫を多く保有しておくことで，農家との関係性も深まる。

発展問題

問1　A社は小型車の生産をタイでの国内生産に切り替え，部品のタイでの現地調達率は約90％に達した。この利点として，最も適切なものを次のなかから一つ選びなさい。

（商業経済検定第26回一部修正）

　ア．付加価値の高い製品や部品の製造に集中できるので，経済的に利点がある。

　イ．部品が世界共通の品質になるので，経済的に利点がある。

　ウ．輸送費が少なくなり，関税もかからないので経済的に利点がある。

問2　安全性を欠いた製品によって，消費者の生命，身体または財産に損害を被った場合に，被害者は製造会社などに対して損害賠償を求めることができる法律を何というか，最も適切なものを次のなかから一つ選びなさい。　　（商業経済検定第22回一部修正）

　ア．消費者契約法　　　イ．製造物責任法　　　ウ．消費者基本法

問3　仕入先の重点化政策による大量仕入の利点について，最も適切なものを次のなかから一つ選びなさい。　　（商業経済検定第30回一部修正）

　ア．特定の仕入先と継続的に取引をおこなうことで，取引上の優遇や支援を受けられる。

　イ．多くの仕入先と取引をおこなうことで品ぞろえが豊富となり，消費者のニーズに対応できる。

　ウ．さまざまな企業が個別に少量の仕入活動をおこなうことで，個性的な品ぞろえが実現できる。

物的資源のマネジメント③

第**3**節

⑥ 販売ルートの管理　⑦ 施設・設備の管理　⑧ 在庫の管理

> 学習の要点
> ● 商品が市場に流れる経路のことをチャネルという。
> ● 生産管理だけでなく物流センターなど施設・設備の管理も重要である。
> ● 在庫管理にはダブルビン法・定量発注方式・定期発注方式などがある。

基本問題

問1　次の文章の空欄に適切な語句を入れなさい。

(1)　メーカーが自社の商品を専門に扱う代理店にしか商品を流さない政策を（　①　）流通チャネル政策という。

(2)　一定の基準を設けて，その基準を満たした業者のみに自社商品の取り扱いを許可する政策を（　②　）流通チャネル政策という。

(3)　できる限り自社商品を取り扱ってもらう企業を増やす政策を（　③　）流通チャネル政策という。

(4)　基本的に保管をおこなわず，準備ができたら次の納入先へ出荷する物流センターを（　④　）センターという。

(5)　在庫を店舗別・方面別に仕分けて，小売店やエンドユーザーへ納品する物流センターを（　⑤　）センターという。

(6)　流通の過程でおこなわれる一連の加工作業を（　⑥　）という。

(7)　需要の不確実性に対して欠品，品切れ等を防ぐために設定する在庫を（　⑦　）在庫という。

①	②	③	④

⑤	⑥	⑦

問2　次の文章の下線部について，正しい場合には○を，誤っている場合は正しい語句を記入しなさい。

(1)　商品を二つの容器にいれ，片方の容器に入れた商品のみを陳列し，陳列した商品がなくなったら商品を発注し，もう一方の容器を代わりに陳列する在庫管理を<u>定量発注方式</u>という。

(2)　週に一回，月に一回など発注間隔を決めて必要な数量を発注する方式を<u>定期発注方式</u>という。

(3)　商品が流れていく経路のことを<u>チャネル</u>という。

(4)　保管場所で，伝票や指示書にそって該当する商品を選定することを<u>検品</u>という。

(5)　ディストリビューションセンターよりも，さらに流通加工機能を強化した物流センターを<u>プロセスディストリビューションセンター</u>という。

(1)	(2)	(3)	(4)	(5)

応用問題

問　次の文章を読んで，問いに答えなさい。

　A株式会社では製造活動に用いる原材料のうち，ネジなどの消耗品については (a) 二つの容器に入れて，片方の容器から消費し，その容器が空になってから追加発注をする方式を採用している。

　また消耗品よりも価格が高い木材については， (b) 週に一回と決めて追加の発注をおこなう方式を採用している。

(1) 下線部 (a) のことを何というか，最も適切なものを次のなかから一つ選びなさい。

　ア．ダブルビン方式　　　イ．定量発注方式　　　ウ．定期発注方式

(2) 下線部 (b) のことを何というか，最も適切なものを次のなかから一つ選びなさい。

　ア．ダブルビン方式　　　イ．定量発注方式　　　ウ．定期発注方式

発展問題

問1　家電や化粧品の業界では，かつて自社の商品だけを取り扱う流通経路を形成していたが，これを何というか，最も適切なものを次のなかから一つ選びなさい。

（商業経済検定第19回一部修正）

　ア．排他的流通チャネル政策　　　イ．開放的流通チャネル政策

　ウ．選択的流通チャネル政策

問2　食料品や菓子などの製品をはじめとして，生活用品や食料品の最寄品については，開放的流通チャネル政策がよくとられている。この開放的流通チャネル政策の説明として，最も適切なものを次のなかから一つ選びなさい。

　ア．市場をできるだけ拡大するため，管理・統制は難しくなるが，販売先を限定せず，取引を希望する卸売業者や小売業者に商品を取り扱わせる政策

　イ．卸売業者や小売業者をある程度まで管理・統制をしようとするもので，一定の条件に合致する販売先を選別し，製品を取り扱わせる政策

　ウ．販売方法や価格を強力に管理・統制するため，特定の地域において，卸売業者や小売業者を一業者に絞り込み，商品を取り扱わせる政策

問3　商品の特性や仕入と在庫にかかる費用などを総合的に検討し，最も有利になる1回あたりの注文量を何というか，漢字6文字で記入しなさい。（商業経済検定第27回一部修正）

第3節 物的資源のマネジメント④

⑨ 生産現場の分析　⑩ 生産の三条件　⑪ 生産の流れ　⑫ 第四次産業革命

学習の要点

● 生産現場については，人・機械・原材料の三つの観点で管理する。
● 生産そのものについては，品質・コスト・納期の三つの観点で管理する。
● 現在は第四次産業革命を迎えつつある。

基本問題

問1　次の文章の空欄に適切な語句を入れなさい。

(1) 一般に（　①　）とは，商品を生産するにあたって加工が必要なものであり，材料とは加工の必要がないものである。

(2) 人・機械・原材料という三つの基準で生産現場の分析をおこなうことを（　②　）という。

(3) QCDとは，（　③　）（Quality）・（　④　）（Cost）・（　⑤　）（Delivery）の頭文字をとった言葉で，生産管理における重要な概念となっている。

(4) 問題を検証し，改善していく時には，一般に計画・実行・評価・改善からなる（　⑥　）サイクルを意識することが重要である。

①	②	③	④
⑤	⑥		

問2　次の文章が正しい場合は○を，誤っている場合は×を記入しなさい。

(1) 生産の効率性においては，設備やシステムの整備や適切な原材料を使用することが重要であり，ノウハウを蓄積するしくみについては重要視しなくてもよい。（　　　）

(2) QCDにおいて，Costとは仕様書どおりの機能や性能を満たしているかどうかを意味している。（　　　）

(3) QCDにおいて，Deliveryとは納品日が守られているかといったことを意味している。
（　　　）

(4) QCDのバランスをとるためには，常に３Mに問題がないかを確認する必要がある。
（　　　）

(5) 現在は第四次産業革命を迎えつつあるが，この産業革命によって影響を受けるのは，あくまでも生産・販売・消費といった経済活動のみである。（　　　）

~~~~~~~~~~~~~~~~~~~~~~~~~~~ 応 用 問 題 ~~~~~~~~~~~~~~~~~~~~~~~~~~~

問　次の文章を読んで，問いに答えなさい。

　工場などの生産現場を分析するさいは，3Mという考え方を用いる。このとき機械については，設備やシステムのトラブルの有無や頻度などをチェックする。また，原材料についてはその品質や価格，調達の時期などをチェックする。一方，　　　　　　については機械や原材料とは異なり，購入するだけで能率や品質が向上するというものではない。そのため，(a)さまざまな対応策が必要になる。

　この3Mを前提として，生産が適正におこなわれているかどうかをみるさいには，(b)品質・コスト・納期の三つの観点で管理する。生産において品質の悪化やコストの上昇，納期の遅れなどがあった場合，3Mに問題があると考えられる。

(1)　文中の　　　　　にあてはまる語句として，最も適切なものを次のなかから一つ選びなさい。

　　ア．情報通信技術　　　イ．人　　　ウ．納期

(2)　下線部 (a) の説明について，最も適切なものを次のなかから一つ選びなさい。

　　ア．原材料が適切でないことがありえるので，仕入先から仕入れるさいにその品質を検討する。

　　イ．組織内における伝達方法の整備やノウハウの蓄積などのしくみを構築する。

　　ウ．加工作業が速い機械装置を導入するなど，納期を短縮する取り組みをおこなう。

(3)　下線部 (b) を何というか，最も適切なものを次のなかから一つ選びなさい。

　　ア．QCD　　　イ．PDCA　　　ウ．ICT

━━━━━━━━━━━━━━━━━━━━ 発 展 問 題 ━━━━━━━━━━━━━━━━━━━━

問1　経営管理については，通常は計画・実行・評価・改善という一連の活動の繰り返しとしてとらえられる。この一連の活動の繰り返しを何というか，最も適切なものを次のなかから一つ選びなさい。　　　　　　　　　　　　　　　　　　　　　（商業経済検定第14回一部修正）

　　ア．マネジメントスタイル　　　イ．マネジメントパターン　　　ウ．PDCAサイクル

問2　「ICT」の説明として，最も適切なものを次のなかから一つ選びなさい。

　　　　　　　　　　　　　　　　　　　　　　　　　　　　　（商業経済検定第24回一部修正）

　　ア．原子や分子をはじめとした，10億分の1メートルの精度を扱う技術の総称

　　イ．遺伝子組み換えをはじめとした生物に関する技術の総称

　　ウ．インターネットをはじめとした，コンピュータやデータ通信に関する技術の総称

財務的資源のマネジメント①

① 財務管理の考え方　② 財務会計の目的　③ 管理会計の目的

学習の要点

- 企業は収益性を高め，企業価値を高めていくことが経営の目標となる。
- 財務会計は企業外部の利害関係者への報告のためにおこなわれる。
- 管理会計は，企業内部の経営管理目的で用いられる。

∴∴∴∴∴∴∴∴∴∴∴∴∴∴∴∴∴∴∴∴∴ 基本問題 ∴∴∴∴∴∴∴∴∴∴∴∴∴∴∴∴∴∴∴∴∴

問1　次の文章の空欄に適切な語句を入れなさい。

(1)　企業がどれだけ効率的に利益をあげているのかを判断する度合いを（　①　）という。

(2)　企業が経営をおこなうために資金を調達し，企業価値が向上するように資金を管理することを（　②　）という。

(3)　資金に関する記録から利害関係者に公開するまでの一連の手続きを（　③　）という。

(4)　企業外部への利害関係者への報告のためにおこなわれる会計を（　④　）という。

(5)　財務的資源を数値化して，企業内部の経営管理目的で用いる会計を（　⑤　）という。

(6)　工場や事務管理部門のうち原価（コスト）にのみ責任をもつ管理責任単位を（　⑥　）・センターという。

(7)　売上高と費用の両方に責任をもつ管理責任単位を（　⑦　）・センターという。

①	②	③	④
⑤	⑥	⑦	

問2　次の文章の下線部について，正しい場合には〇を，誤っている場合は正しい語句を記入しなさい。

(1)　主に市場で評価される企業の価格のことを収益性という。

(2)　企業が資金に関する記録を残すさいは，主に単式簿記の手法で企業の財政状態と経営成績，キャッシュ・フローの状況を財務諸表に表す。

(3)　財務会計はさまざまな法律や規則で厳格に規定されており，法律や規則にそっておこなわなければならない。

(4)　主に企業内部で経営の状況を把握するために用いる会計を管理会計という。

(5)　売上高と費用の両方に責任をもつ販売部門などには，プロフィット・センターを設置して原価管理をおこなう。

(1)	(2)	(3)	(4)	(5)

$\approx\approx\approx\approx\approx\approx\approx\approx\approx\approx$ **応 用 問 題** $\approx\approx\approx\approx\approx\approx\approx\approx\approx\approx$

問1　次の文章を読んで，問いに答えなさい。

　原則として，企業は (a) 収益性と企業価値を高めていくことが目標になる。このとき資金の出入りについてきちんと管理しておく必要があり，そのために財務管理をおこなう。財務管理を適切におこなうためには，資金に関する記録が計算・整理されていなければならない。このために用いられるのが＿＿＿＿簿記であり，この一連の手続きを企業会計という。企業会計には大別して (b) 財務会計と管理会計がある。

　(1)　下線部 (a) の説明として，最も適切なものを次のなかから一つ選びなさい。

　　ア．昨年度と比較して売上高が一定で，費用が増加した場合，今年度の収益性は向上している。

　　イ．昨年度と比較して売上高が一定で，費用が減少した場合，今年度の収益性は悪化している。

　　ウ．昨年度と比較して売上高が向上し，費用が減少した場合，今年度の収益性は向上している。

　(2)　文中の＿＿＿＿にあてはまる語句を漢字2文字で記入しなさい。

　(3)　下線部 (b) の説明として，最も適切なものを次のなかから一つ選びなさい。

　　ア．企業内部の経営管理目的でおこなわれる会計をいう。

　　イ．企業外部の利害関係者への報告のためにおこなわれる会計をいう。

　　ウ．法律や規則には規定がなく，企業の自主的な管理のためにおこなわれる会計をいう。

問2　財務会計を規定する法令の組み合わせとして最も適切なものを次のなかから一つ選びなさい。

　ア．会社法・会社計算規則　　イ．民法・民法施行法　　ウ．手形法・手形交換所規則

═════════════ **発 展 問 題** ═════════════

問　1年間でどれだけ利益をあげたか，また，年度末の時点でどのような財産がどれだけあり，その財産を保有するために資金をどのように集めたのかなどを正確・適切に集計し，報告することが企業には義務づけられている。このとき作成される書類等の総称を何というか，漢字4文字で記入しなさい。

（商業経済検定第13回一部修正）

財務的資源のマネジメント②

④ 予算管理

:::::::::::::::::::::::::::::: 基 本 問 題 ::::::::::::::::::::::::::::::

問1　次の文章の空欄に適切な語句を入れなさい。

(1)　翌期の計画を金額で表示して，企業全体で編成したものを（　①　）という。

(2)　予算の機能のうち，コスト・センターやプロフィット・センターなどのそれぞれの責任範囲を明確にする機能や，財務的資源を活用するさいの一種の目安になる機能を（　②　）機能という。

(3)　予算の機能のうち，予算と実績を比較し，予算実績差異分析をおこなって是正活動をおこなう機能を（　③　）機能という。

(4)　予算では3,000個販売するはずだったのに，実際には2,900個しか売れなかった場合に発生する差異を（　④　）差異という。

(5)　予算では1個あたり1,000円で販売するはずだったのに，実際には1個あたり980円で販売していた場合に発生する差異を（　⑤　）差異という。

①_____　②_____　③_____　④_____

⑤_____

問2　次の文章の下線部について，正しい場合には○を，誤っている場合は正しい語句を記入しなさい。

(1)　予算によって企業の人的資源を総合的に管理することができる。

(2)　予算を策定するさいには部門間の利害を調整することが必要であり，この調整の過程を予算の調整機能という。

(3)　経営者の意向を受けた予算編成を担当する部門が予算を編成し，生産部門や販売部門に予算の執行を強制する予算をボトムアップ型予算という。

(4)　ボトムアップ型予算では，それぞれの部門で動機づけや責任感が高まるというメリットがある。

(5)　さまざまなプロジェクトの予算を前年の実績に関係なく白紙の状態から評価し，優先順位をつけた後で予算を設定する方法をゼロベース予算という。

(1)	(2)	(3)	(4)	(5)

～～～～～～ 応 用 問 題 ～～～～～～

問1　次の文章を読んで，問いに答えなさい。

　A社では，目標利益の達成に向けてどれだけの売上高が必要なのか，どの程度の費用を使っていいのかを明確にするため，まず (a) 目標利益を獲得するための計画を設定した。さらにその計画を実現するために，部門ごとに来年度の売上高・費用・利益の数値目標を立案することにした。(b) このとき生産部門や販売部門の状況を考慮して，現場の担当者による自主性を重視することにした。

(1)　下線部 (a) のことを何というか，最も適切なものを次のなかから一つ選びなさい。

　ア．販売計画　　イ．生産計画　　ウ．利益計画

(2)　下線部 (b) の説明として，最も適切なものを次のなかから一つ選びなさい。

　ア．取締役会の意向を受けた予算編成によって，企業全体の目標と予算を一致させることを重視した。

　イ．各部門から提出された部門予算を積み上げて総合予算を編成することによって，それぞれの部門の動機づけや責任感の強化を重視した。

　ウ．経営者の目標や考え方を予算にはっきり示すこととプロジェクトに優先順位をつけることによって経営環境の変化に対応することを重視した。

問2　予算の説明として，最も適切なものを次のなかから一つ選びなさい。

　ア．トップダウン型で予算を編成すると，それぞれの部門で動機づけや責任感が強まる一方で，経営者の予算編成方針や企業全体の目標との整合性がとりにくくなる。

　イ．予算と実績を比較し，予算実績差異分析をおこなって，是正活動をおこなう機能は予算の計画機能となる。

　ウ．実際に予算を編成するさいは，トップダウン型予算とボトムアップ型予算を両方あわせることが多い。

═══ 発 展 問 題 ═══

問1　「資本 (資金) の調達および運用を最適に管理すること」を何というか，最も適切なものを次のなかから一つ選びなさい。　　　　　　　　　　　（商業経済検定第18回一部修正）

　ア．生産管理　　イ．財務管理　　ウ．購買管理

問2　「予算として設定された各目標値と実際の結果を比較・分析」することを何というか，最も適切なものを次のなかから一つ選びなさい。　　　　　　　（商業経済検定第18回一部修正）

　ア．市場分析　　イ．差異分析　　ウ．職務分析

財務的資源のマネジメント③

⑤ 資金調達の方法　⑥ 資金調達の動向　⑦ 情報通信技術 (ICT) と金融

● 資金調達の方法には直接金融と間接金融がある。
● フィンテックと呼ばれる情報通信技術を駆使した金融商品やサービスに注目が集まっている。

基本問題

問1　次の文章の空欄に適切な語句を入れなさい。

(1) 建物や土地，機械装置や備品などを購入する代金を（　①　）資金という。

(2) 広告宣伝費や仕入代金を支払うための資金などのことを（　②　）資金という。

(3) 企業が株式や社債などを発行して，株主や社債権者から資金調達をおこなうことを（　③　）金融という。

(4) 企業が金融機関からの借り入れによって資金を調達することを（　④　）金融という。

(5) 売掛金などの債権を売却して現金化することを（　⑤　）という。

(6) 企業の利益から税金などの社外流出分を差し引いたもので，社内に蓄積されたものを（　⑥　）という。

(7) （　⑦　）とは，情報通信技術を駆使した革新的な金融商品や金融サービスを総称する造語である。

①	②	③	④

⑤	⑥	⑦

問2　次の文章の下線部について，正しい場合には○を，誤っている場合は正しい語句を記入しなさい。

(1) 株式を発行して株主からその対価として資金を調達した場合には，株主に対して<u>利息</u>を支払う必要がある。

(2) わが国では金融機関から資金を借り入れる<u>直接金融</u>が主流であった。

(3) 金融市場の利子率が<u>高く</u>，企業に信用がある場合，社債を発行して資金調達をすることがある。

(4) <u>アグリゲーションサービス</u>は過去からの取引記録がすべて記録される技術であり，改ざんもほぼ不可能な技術なので，新たな金融商品の開発に役立つと期待されている。

(5) インターネットを利用して，個人から少額の資金を調達する<u>クラウドファンディング</u>も注目されている。

(1)		(2)		(3)		(4)		(5)	

応用問題

問　次の文章を読んで，問いに答えなさい。

　A株式会社の財務部長は，新たに工場を建設するにあたり，(a) 土地の取得代金や建物の建設代金をどうやって調達しようかと考えていた。まず大きく分けて (b) 株式や社債などを発行して資金調達をおこなう方法と金融機関から借り入れをして資金調達をおこなう方法がある。金融機関から借り入れをすると，貸借対照表の負債が増加するので今回は見送ることにした。(c) 同じ理由で，株式の発行と社債の発行を比較して，株式の発行によって資金調達をおこなうことにした。

(1)　下線部 (a) のことを何というか，最も適切なものを次のなかから一つ選びなさい。

　　ア．運転資金　　イ．短期資金　　ウ．設備資金

(2)　下線部 (b) のことを何というか，最も適切なものを次のなかから一つ選びなさい。

　　ア．直接金融　　イ．間接金融　　ウ．公的金融

(3)　下線部 (c) の説明として，最も適切なものを次のなかから一つ選びなさい。

　　ア．株式を発行した場合，利息を投資家に支払い，満期日に元本を償還する必要がある。

　　イ．株式を発行した場合，借入期間や支払利息の利率などについて，契約を締結する必要がある。

　　ウ．株式を発行した場合，株主に対して配当金を支払う必要があるが，調達した資金については返済の必要がない。

発展問題

問1　間接金融の説明として，最も適切なものを次のなかから一つ選びなさい。

（商業経済検定第5回一部修正）

　ア．個人が企業の株式や社債を購入して，企業に資金を提供すること。

　イ．個人や法人から集めた租税から，特定の企業に補助金を与えること。

　ウ．個人が銀行に預金し，銀行がその資金を企業に貸し付けること。

問2　同族経営のＩ商会株式会社は，株式の発行ではなく社債の発行で資金を調達することに決定した。その理由として最も適切なものを次のなかから一つ選びなさい。

（商業経済検定第11回一部修正）

　ア．株式の発行によって資金を調達した場合，自己資本比率が低下するため，会社の財務管理面で経営陣の自由裁量の余地が狭められるため。

　イ．株式の発行によって資金を調達した場合，他人資本による資金調達なので，最終的には資金を返済しなければならないことが明らかなため。

　ウ．株式の発行によって資金を調達した場合，新たな株主が増加することによって，同族経営における経営者の意思決定を経営に反映させにくくなるおそれがあるため。

財務的資源のマネジメント④

第4節

⑧ さまざまな金融商品　⑨ 金融商品の利点とリスク

学習の要点

● 海外の金融商品であっても自由に売買できる時代になっている。
● 金融商品を購入するさいには，リスクとリターンを計算しなければならない。

:::::::::::::::::::::::::::::: 基本問題 ::::::::::::::::::::::::::::::

問1　次の文章の空欄に適切な語句を入れなさい。

(1) 自由に預け入れと引き出しができ，家計の貯蓄・公共料金の支払い・給与の振込などに用いられる預金を（　①　）預金という。

(2) 期間を定めて期限（満期日）まで引き出しができない預金を（　②　）預金という。主に家計の貯蓄や企業の余裕資金の運用目的などで用いられる。

(3) 金融機関と契約を締結し，その金融機関あてに振り出した小切手や約束手形などの支払いをおこなう預金を（　③　）預金という。

(4) 投資家から集めた資金をまとめて運用の専門家が運用し，その成果を投資家に分配する金融商品を（　④　）という。

(5) 金融商品のリスクを軽減したり，一定のリスクのもとに高い収益をあげようとしたりする金融商品に（　⑤　）がある。

(6) リスクを抑えるために，複数の金融商品に資金を分散させることを（　⑥　）選択という。

①	②	③
④	⑤	⑥

問2　次の文章の下線部について，正しい場合には○を，誤っている場合は正しい語句を記入しなさい。

(1) 普通預金の利子率は非常に低く，引き出しが自由なので，<u>流動性が高い</u>。

(2) 現在ではさまざまな金融商品が開発されているが，その多くは利回りにばらつきがある<u>無リスク資産</u>である。

(3) 金融派生商品のうち，将来売買する権利をあらかじめ売買する取引を<u>先物取引</u>という。

(4) 売買目的で有価証券を保有している場合，将来時価が下落する可能性もあるので，その有価証券を売る権利をあらかじめ購入することがある。この有価証券を売る権利を<u>コールオプション</u>という。

(5) 金融商品の機能として，時価の暴落に備えることを<u>リスクのヘッジ</u>という。

(1)	(2)	(3)	(4)	(5)

〰〰〰〰〰〰〰〰〰 **応 用 問 題** 〰〰〰〰〰〰〰〰〰

問　次の表の空欄にあてはまる語句を，解答群から選びなさい。

	（　①　）	（　②　）	（　③　）
利率	利率は普通預金よりは高い。	無利息である。	―
元本	原則として保証されている。	原則として保証されている。	元本は保証されない。
用途	家計の貯蓄や余裕資金の運用など。	手形や小切手の決済など。	専門家による資金の運用など。

[**解答群**]　ア．投資信託　　イ．当座預金　　ウ．定期預金

①　　　　　　　②　　　　　　　③

════════════ **発 展 問 題** ════════════

問1　外国為替に対して契約は現在おこなうが，決済は将来おこなう取引によってその負担を回避する方法がある。これを何というか，漢字4文字で記入しなさい。

（商業経済検定第25回一部修正）

問2　外国為替市場の取引において，企業は先物取引を上手に用いてリスクヘッジを図っている。この利点は何か，最も適切なものを次のなかから一つ選びなさい。

（商業経済検定第27回一部修正）

ア．為替変動のリスクを積極的に受け入れることによって，企業は大きな収益を得ることができ，経営計画を練ることも可能になる。

イ．為替変動のリスクを系列企業に請け負ってもらうことによって，企業にとっては業務の効率化を進めることができ，経営計画を練ることも可能になる。

ウ．為替変動のリスクを回避することによって，企業にとっては安定的な収益を確保することができ，経営計画を練ることも可能になる。

問3　多数の投資家から集めた資金を，資産運用の専門家が多種類の株式や債券に広く分散して投資・運用する金融商品を何というか，漢字4文字で記入しなさい。

（商業経済検定第35回一部修正）

財務的資源のマネジメント⑤

⑩ 財務分析とマネジメント

> 学習の要点
>
> ● 財務分析には，収益性分析・成長性分析・安全性分析の三つがある。

:::::::::::::::::::::::::::::::: 基本問題 ::::::::::::::::::::::::::::::::

問1　次の文章の空欄に適切な語句を入れなさい。

(1)　その企業がどれだけ効率的に利益をあげているのかを分析することを（　①　）分析という。

(2)　資本利益率の指標には，税引後の当期純利益を自己資本で割って算定する（　②　）（ROE）がある。

(3)　過去の収益・費用・利益の金額をもとに，将来の業績を予測・分析することを（　③　）分析という。

(4)　当期の売上高が前期の売上高と比較してどの程度伸びたのかを示す財務指標を（　④　）という。

(5)　資金調達や負債と自己資本の比率などが健全であり，倒産に陥る可能性が低いことを（　⑤　）という。

(6)　流動資産を流動負債で割って求める財務指標を（　⑥　）という。

①	②	③
④	⑤	⑥

問2　次の文章の下線部について，正しい場合には〇を，誤っている場合は正しい語句を記入しなさい。

(1)　自己資本利益率を向上させるためには，売上高に占める当期純利益の割合を高めるか，あるいは自己資本に対する負債の割合を高めるかのいずれかの方法をとる。

(2)　売上高成長率がマイナスだった場合，当期の売上高は前期の売上高に対して減収だったと判断できる。

(3)　流動比率には不良在庫なども含まれる場合があるので，安全性分析について当座比率が用いられることもある。

(4)　従業員一人あたりの売上高をみることで，その企業の資本生産性がどの程度の高さかを知ることができる。

(5)　自己資本に対する売上高の割合を自己資本回転率という。

(1)	(2)	(3)	(4)	(5)

問1　次の資料より財務指標を計算しなさい。

【資料】令和○4年のA株式会社の財務資料

　　流動資産合計　¥1,000,000　　流動負債合計　¥ 800,000

　　自己資本合計　¥3,000,000　　税引後当期純利益　¥ 210,000

　　当期の売上高　¥8,800,000　　前期の売上高　¥8,000,000

　　(1)　自己資本利益率　.................................　　(2)　売上高成長率　.................................

　　(3)　流動比率　.................................

問2　ソフトバンクグループは，売上高成長率が極めて高い一方で，多額の負債を抱えていることで知られている。それにもかかわらず，金融機関は追加の借り入れに応じる姿勢を見せているのはなぜだろうか，最も適切なものを次のなかから一つ選びなさい。

　　ア．安全性が高いため　　イ．成長性が高いため　　ウ．配当金が多額なため

....

問1　流動負債に対する当座資産の割合で，棚卸資産の売却にたよらずに短期債務を返済できる能力を表す比率は何か，次のなかから適切なものを一つ選びなさい。

　　ア．流動比率　　イ．当座比率　　ウ．固定比率

....

問2　財務分析を実施するさいの留意点として，次のなかから最も適切なものを一つ選びなさい。

（商業経済検定第13回一部修正）

　　ア．時系列で変化を追うだけでなく，同業他社との比較も重要である。

　　イ．単年度の費目間構成を中心に分析し，詳細に現状を把握する必要がある。

　　ウ．前年度との比較に着目するよりも，他業種との比較を充分におこなう。

....

問3　企業の支払能力を分析する指標は何か，最も適切なものを次のなかから一つ選びなさい。

（商業経済検定第18回一部修正）

　　ア．売上高経常利益率＝経常利益÷売上高×100（％）

　　イ．流動比率＝流動資産÷流動負債×100（％）

　　ウ．売上高成長率＝(当期の売上高−前期の売上高)÷前期の売上高×100（％）

....

問4　流動比率は一般に何%以上あると望ましいか，適切なものを次のなかから一つ選びなさい。

（商業経済検定第8回一部修正）

　　ア．100　　イ．200　　ウ．300

....

情報的資源のマネジメント①

① 情報化社会　② 情報通信技術 (ICT) の活用

● 情報的資源の価値を中心として発展する社会を情報化社会という。
● 情報通信技術はビジネスのさまざまな分野に影響をもたらしている。

::::::::::::::::::::::::::::::::: 基 本 問 題 :::::::::::::::::::::::::::::::::

問1　次の文章の空欄に適切な語句を入れなさい。

(1)　情報的資源が物質やエネルギーなどほかの経営資源と同等以上の価値をもつものとみなされ，その価値を中心として発展する社会を（　①　）という。

(2)　ロボットを活用して業務の効率化や自動化を図る技術を（　②　）(RPA) という。

(3)　ID情報を埋め込んだタグから電波などを用いて情報のやりとりをおこなう技術を（　③　）という。

(4)　部分最適ではなく流通経路全体の最適化を目指すシステムを（　④　）システムという。

① _____　② _____

③ _____　④ _____

問2　次の文章が正しい場合は○を，誤っている場合は×を記入しなさい。

(1)　企業は技術や研究開発の成果を商標権といったかたちで登録したり，ブランドを特許権として登録したりする。　　　　　　　　　　　　　　　　　　　　　　　　（　　　）

(2)　発案したアイデアや作品は著作権というかたちで守られている。　　　　　　（　　　）

(3)　情報的資源は企業にとって重要な経営資源になっている。　　　　　　　　　（　　　）

(4)　たとえ信用を失っても金融機関からの資金調達や仕入先からの掛け仕入れに支障がでるようなことはない。　　　　　　　　　　　　　　　　　　　　　　　　　　　（　　　）

(5)　情報的資源が物質やエネルギーなどほかの経営資源と同等以上の価値をもつものとみなされ，その価値を中心として発展する社会をサービス化社会という。　　　　　（　　　）

(6)　情報通信技術の発達によって，情報の伝達に要する時間は短縮され，またそのコストも低くなっている。　　　　　　　　　　　　　　　　　　　　　　　　　　　　　（　　　）

(7)　インターネットで現実とあまり変わらないやりとりができるようになったことから，新しい取引の場は生まれたが，新しい知識を生み出すコミュニケーションの場は生まれていない。
　　　　　　　　　　　　　　　　　　　　　　　　　　　　　　　　　　　　（　　　）

(8)　サプライチェーンシステムを管理することによって，流通経路全体の在庫を減少させるとともに，貨物の移動を迅速かつ正確におこなうことができる。　　　　　　　（　　　）

応用問題

問　次の文章を読んで，問いに答えなさい。

(a)ほかの企業や人間がビジネスをおこなう基盤を提供するビジネスがある。こうしたビジネスでは，参加者が増えれば増えるほどその価値も高くなるという効果がみられ，現在ではGoogle，Apple，Facebook，Amazon，そしてMicrosoftなどが知られている。たとえばAppleは企業や個人が開発したiPhoneなどの専用アプリケーションを配信できる「App Store」という場を構築した。

また，レゴ社は，レゴ・ロボット「マインド・ストーム」を発売したさいに，ユーザーがレゴをテーマにした(b)インターネット・コミュニティを形成し，レゴはそのインターネット・コミュニティを自社の製品開発に活用するようになった。このように情報通信技術は，ビジネスのさまざまな分野に影響をもたらしている。

(1) 下線部(a)のことを何というか，最も適切なものを次のなかから一つ選びなさい。

　ア．VODサービス　　　イ．プラットフォームビジネス　　　ウ．ファクタリング

(2) 下線部(b)はインターネットのどのような特徴を活用したものか，最も適切なものを次のなかから一つ選びなさい。

　ア．画像や図面などを発信できるが，瞬間的なため多くの情報を発信できない。

　イ．低コストで世界中の人々に向けて同時に情報を発信することができる。

　ウ．迅速性には欠けるが，手もとで長く保管される情報を発信できる。

発展問題

問1　建設機械にGPSを搭載して位置情報を取得し，その機械が現在どこにあり，稼働中か休止中かといった情報などを，通信機能を使って会社のセンターにデータを送る技術を活用したシステムを開発した会社は，何を活用しているといえるか，最も適切なものを次のなかから一つ選びなさい。　　　　　　　　　　　　　　　　　　　　　　　　（商業経済検定第34回一部修正）

　ア．電子商取引の活用　　　イ．グローバル・スタンダードの活用　　　ウ．ICTの活用

問2　靴下の規格，販売，フランチャイズチェーンの運営などを一貫しておこなっているA社の成長の要因は，独自に開発した在庫管理に関する革新的なシステムにある。このときこのシステムはどのような経営資源に該当するのか，最も適切なものを次のなかから一つ選びなさい。　　　　　　　　　　　　　　　　　　　　　　　　（商業経済検定第26回一部修正）

　ア．物的な経営資源　　　イ．情報的な経営資源　　　ウ．資金的な経営資源

第5節 情報的資源のマネジメント②

③ 知的財産権の活用　④ ブランドの維持　⑤ 信用の維持と向上

学習の要点

- 情報的資源のうち，特許権・実用新案権・意匠権・商標権などを知的財産権という。
- 情報化社会ではブランドの管理が重要になっている。
- 利害関係者がいだく信頼の度合いを信用という。

基本問題

問1　次の文章の空欄に適切な語句を入れなさい。

(1) ノウハウや技術は形がない資産であるが，このうち法律上の権利として認められているものに，特許権・実用新案権・意匠権・商標権などがあり，これらを総称して（　①　）権という。

(2) 商品やサービスを競合他社のものから識別し，差別化するための名前・用語・サイン・デザインなどの組み合わせを（　②　）という。

(3) 企業の過去の実績や将来の成長可能性に対して，利害関係者がいだく信頼の度合いを（　③　）という。

(4) 「地域名＋商品（サービス）名」からなる文字商標を登録できる制度を（　④　）登録制度という。

①................................　②................................　③................................

④................................

問2　次の文章が正しい場合は〇を，誤っている場合は×を記入しなさい。

(1) 知的財産権のうち，特許権・実用新案権・意匠権・著作権は産業上の無形の利益を保護するものなので，産業財産権とよばれ，商標権は知的財産権ではあるが産業財産権には含まれない。　　　　　　　　　　　　　　　　　　　　　　　　　　　　　　　　　（　　　）

(2) ほかの企業と差別化して，企業価値を高めるためには，所定の手続きを経て知的財産権を取得しておかなければならない。　　　　　　　　　　　　　　　　　　　　　（　　　）

(3) 新たな商品開発をおこなうさいに，ほかの企業の知的財産権を侵害しないように，自国の知的財産権の出願，登録状況については調べる必要はあるが，諸外国の知的財産権の出願，登録状況までは情報を収集したり対応したりする必要はない。　　　　　　　　（　　　）

(4) 消費者が特定のブランドにもつ愛着のことをブランディングという。　　　　（　　　）

(5) ブランドは形がない資産なので，ブランドを手掛かりにして，消費者が特定の商品やサービスを購入することで安心感や満足感を得ることは不可能である。　　　　　　（　　　）

(6) ブランドは企業だけでなく，さまざまな利害関係者とともに創り出されるものである。

（　　　）

(7) 消費者は信頼をいだいている企業の商品やサービスを選択的に購入する傾向はあるが，金融機関が企業に融資をする場合，信用が高いからといって貸付利率を下げるようなことはしない。

（　　　）

〰〰〰〰〰〰〰〰〰 応用問題 〰〰〰〰〰〰〰〰〰

問　次の文章を読んで，問いに答えなさい。

　ハーゲンダッツが初めて日本に出店したさい，自社のアイスクリームのみを販売する直営店を中心に展開した。これは，主に[　　　]という理由である。その後も，大型カップのほかにミニカップを販売したり，従来のバニラ味やチョコレート味に加えて抹茶味やあずき味を販売したりといった工夫のほか，<u>自社のアイスクリームがもつ高級感を維持しつつ厳選された素材を使用するといった姿勢を打ち出した。</u>

(1) 文中の[　　　]にあてはまる文章として，最も適切なものを次のなかから一つ選びなさい。

　　ア．資金が豊富にあるので，ほかの小売業者に依頼する必要がないため

　　イ．ブランドの確立と他社との差別化を図るため

　　ウ．直営店を通じて広範囲の消費者に商品を流通させるため

(2) 文中の下線部の説明として，最も適切なものを次のなかから一つ選びなさい。

　　ア．品質に対する信頼や商品のブランドを確立することがなにより重要であるということ。

　　イ．高級感があればいずれは安い素材を使用しても高い価格で売れるということ。

　　ウ．最初に消費者の信用を得ることが大事だが，その維持と向上は別問題であるということ。

═══════════ 発展問題 ═══════════

問1　産業上の無形の利益を保護する産業財産権と思想および感情を創造的に表現した者に認められる著作権を総称して何というか，漢字5文字で記入しなさい。

（商業経済検定第31回一部修正）

問2　食品会社のA社はブランドを「企業の経営資源」の一つとして重要視している。その理由として，最も適切なものを次のなかから一つ選びなさい。　（商業経済検定第20回一部修正）

　　ア．ブランドは競合製品との差異を強調し，経済的な利益を生み出すため

　　イ．ブランドは環境保全や省資源化を訴求し，社会的な利益を生み出すため

　　ウ．ブランドは新しい情報を迅速かつ効果的に伝達し，時間的な利益を生み出すため

情報的資源のマネジメント③

⑥ 情報セキュリティマネジメント　⑦ 情報的資源の管理と課題

> **学習の要点**
> ● 情報的資源を安全に確保することを情報セキュリティという。
> ● 情報資源管理は，情報戦略にもとづいておこなわれる。

::::::::::::::::::::::::::::::::: 基 本 問 題 :::::::::::::::::::::::::::::::::

問1　次の文章の空欄に適切な語句を入れなさい。

(1)　情報的資源を安全に確保するためのマネジメントを（　①　）という。

(2)　情報セキュリティの3要素のうち，正当な権限をもった人間だけが情報的資源を利用できる状態にしておくことを（　②　）という。

(3)　情報セキュリティの3要素のうち，正当な権限をもたない人間によって情報が破壊・改ざん・消去されていない状態を確保することを（　③　）という。

(4)　情報セキュリティの3要素のうち，情報を使いたいときに使えるようにしておくことを（　④　）という。

(5)　インターネットを介して情報的資源の保守・管理をおこなうしくみを（　⑤　）・コンピューティングという。

(6)　企業の中長期にわたる活動のなかで，どのように情報的資源を活用していくのかを定めた戦略のことを（　⑥　）という。

(7)　情報的資源を評価・整理して，有効活用できるように情報処理システムやデータなどを構成していくことを（　⑦　）という。

①	②	③
④	⑤	⑥	⑦

問2　次の文章の下線部について，正しい場合には○を，誤っている場合は正しい語句を記入しなさい。

(1)　企業は，ハードウェアやソフトウェア，ネットワーク，データベース，ノウハウや技術力，顧客情報などさまざまな<u>財務的資源</u>を保有している。

(2)　電子メールにおけるデジタル署名などは，情報の<u>機密性</u>の確保のために用いられている。

(3)　情報のバックアップや災害に備えてサーバを確保しておくことや緊急時の復旧体制を整えておくことが，情報の<u>可用性</u>の例として挙げられる。

(4)　第三者が提供する設置場所に預けられたサーバを<u>ハウジング</u>・サーバという。

(5)　情報的資源を評価・整理して，有効活用できるように情報処理システムやデータなどを構成して管理するにあたり，とくに管理の対象とする情報的資源を<u>知的財産</u>という。

(1)		(2)		(3)		(4)		(5)	

応用問題

問1　次のA群の用語に最も関係の深い文をB群から選びなさい。

【A群】

　①機密性　　②完全性　　③可用性　　④情報戦略　　⑤ビッグデータ

【B群】

　ア．情報のバックアップや災害時に備えてサーバを確保しておくこと。

　イ．通常のコンピュータでは処理できないほど巨大なデータのこと。

　ウ．会計ソフトウェアなどの導入にあたり効率性や生産性の上昇を計画し，検証すること。

　エ．アクセス権の設定やパスワードの管理をおこなうこと。

　オ．情報が破壊・改ざん・消去されていない状態を確保すること。

　　　　　　　　　　　　　①　　　　　②　　　　　③　　　　　④　　　　　⑤

問2　次の文章を読んで，問いに答えなさい。

　A社は就職関連の情報を取り扱う会社である。重要な個人情報を取り扱うため，(a)重要な情報へのアクセスは管理職だけに限られている。また，(b)自然災害で個人情報が消失しないように，クラウド上にデータベースを保管している。

　(1)　下線部 (a) を何というか，最も適切なものを次のなかから一つ選びなさい。

　　ア．機密性　　イ．完全性　　ウ．可用性

　(2)　下線部 (b) を何というか，最も適切なものを次のなかから一つ選びなさい。

　　ア．機密性　　イ．完全性　　ウ．可用性

発展問題

問　企業にとって重要な情報が漏えいしないように安全性を高めることを何というか，最も適切なものを次のなかから一つ選びなさい。　　　　　　　　　(商業経済検定第30回一部修正)

　ア．情報開示　　イ．情報格差　　ウ．情報セキュリティ

情報的資源のマネジメント④

第5節

⑧ 顧客情報の管理　⑨ 販売促進と情報的資源

学習の要点

- 顧客情報をマーケティングに活用して売上高を伸ばすこともできる。
- 販売計画の立案や販売活動，プロモーションに情報的資源を活用できる。

:::::::::::::::::::::::::::::::: 基本問題 ::::::::::::::::::::::::::::::::

問1　次の文章の空欄に適切な語句を入れなさい。

(1)　（　①　）法に定める個人情報に該当する情報については厳重に規制されており，個人情報の流出は，法令違反につながりかねず，社会的信頼を大きく失う結果にもなる。

(2)　インターネット上の商品やサービスの売買取引や決済をおこなう（　②　）によって，消費者の利便性が増すとともに，小売業者のビジネスも変化している。

(3)　電子メールでイベントや特売品の案内を送信するなど，情報通信技術はさまざまなかたちで（　③　）にも利用されている。

(4)　一度購入した商品と関連する商品を提示したり，入力したキーワードから推測して関連するキーワードを表示したりする機能を（　④　）機能という。

(5)　データベースなどに蓄積されたデータを抽出・加工・分析し，マネジメントや売上高のシミュレーションなど意思決定に活用しやすいかたちに整えるツールを（　⑤　）ツールという。

①_____　②_____　③_____

④_____　⑤_____

問2　次の文章の下線部について，正しい場合には〇を，誤っている場合は正しい語句を記入しなさい。

(1)　個人情報の保護に関する施策の基本となる事項を定めた法律は，<u>不正アクセス禁止法</u>である。

(2)　電子商取引において，企業はインターネット上に店舗を開設することで，実際に店舗を出店するよりもコストを抑制できるほか，<u>商圏</u>が大きく広がる。

(3)　高度な統計的な手法を用いて，データをレポートやグラフなどに加工してわかりやすく可視化するツールを<u>RFID</u>という。

(4)　顧客一人ひとりに対してマーケティングを展開することを<u>ワン・トゥ・ワン・マーケティング</u>という。

(5)　電子商取引において，一度購入した商品から関連する商品を提示したり，入力したキーワードから推測して関連したキーワードを表示したりする機能を<u>リコメンド</u>機能という。

(1)		(2)		(3)		(4)		(5)	

応 用 問 題

問　次の文章を読んで，問いに答えなさい。

　情報通信技術の発達によって，かつてならば考えられなかったかたちで販売活動がおこなわれるようになっている。たとえばある通信事業者はファミリーレストランと提携して，携帯端末の位置情報をもとにして店舗の売上高の予測に取り組み，(a) 来店客の動向を予測し，原材料の仕入数量や人員の効率的な配置を可能にした。

　また，多くの小売業者がチラシではなく電子メールでイベントや特売品の案内を送信するほか，消費者とのコミュニケーションを図るために，誕生日のお祝いなども送信するようになってきている。

　その一方で，非常に多くの個人情報を企業が取り扱うようになっており，個人情報を取り扱う事業者には (b) 法律で遵守すべき義務などが定められている。

(1) 下線部 (a) の説明として，最も適切なものを次のなかから一つ選びなさい。

　　ア．1年間あたりの来店客が多い店舗には原材料の仕入数量を多くしたり，人員の配置を多くしたりすることによって顧客満足の充足を図る。

　　イ．位置情報や気象データなどから来店客が増えると見込まれる店舗には，来店客が少ないと予測される店舗から人員を移動させたり，仕入数量を増やしたりする。

　　ウ．売上高が伸びない店舗やもともと来店客が少ない店舗については閉鎖を検討し，繁華街への出店を図る。

(2) 下線部 (b) の法律の名称として，最も適切なものを次のなかから一つ選びなさい。

　　ア．不正アクセス禁止法　　イ．情報公開法　　ウ．個人情報保護法

発 展 問 題

問　「注文から決済までを通信ネットワークを利用しておこなわれる売買取引」を何というか，漢字5文字で正しい用語を記入しなさい。

（商業経済検定第31回一部修正）

企業統治（コーポレート・ガバナンス）①

① 企業統治（コーポレート・ガバナンス）の重要性　② 情報開示（ディスクロージャー）　③ 内部統制システム

- 問題が発生する前に不祥事の発生可能性を見つけ出して防止しなければならない。
- 情報開示は企業価値の向上につながる。
- 内部統制システムは，企業統治の前提である。

基本問題

問1　次の文章の空欄に適切な語句を入れなさい。

(1) 企業が適正な経営や事業運営をするために，企業の経営を律するしくみのことを（　①　）という。

(2) 財政状態や経営成績などを実際よりも良好にみせるため，貸借対照表や損益計算書の数字をごまかすことを（　②　）という。

(3) 一般に借入金の返済などができなくなり，経営が成り立たなくなる状態を（　③　）という。

(4) 利害関係者に対して，事業内容や財政状態などについて，さまざまな情報を開示することを（　④　）という。

(5) 業務の有効性と効率性，財務報告の適正性や法令の遵守，さらに資産保全を図るために，すべての従業員が守るべき規範や手続きのしくみのことを（　⑤　）という。

(6) 経営者の命令や指示が適正に実行されるように構築されたしくみを（　⑥　）活動という。

①	②	③
④	⑤	⑥

問2　次の文章で正しいものには○を，間違っているものには×を記入しなさい。

(1) 企業を取り巻く環境が複雑になり変化は速くなっているが，不祥事が発生する可能性はごく一部の限られた企業のみである。　　　　　　　　　　　　　　　　　　（　　　）

(2) 問題が発生する前に不祥事の発生可能性を見つけ出して，防止するしくみが必要である。
　　　　　　　　　　　　　　　　　　　　　　　　　　　　　　　　　　　　（　　　）

(3) 情報開示を重視する利害関係者は減少傾向にあり，書類作成の事務処理のことを考えると，情報開示はデメリットのほうが大きい。　　　　　　　　　　　　　　　　（　　　）

(4) 企業が適正かつ適法に業務をおこなうために整備しているさまざまなルールやしくみのすべてが内部統制システムである。　　　　　　　　　　　　　　　　　　　　　（　　　）

(5) 内部統制システムの整備と運用は，企業統治をおこなううえで前提となるしくみだが，あくまでも企業が自主的におこなうものである。　　　　　　　　　　　　　　　（　　　）

(6) 社外取締役を企業統治に活用しようとする企業は減少傾向にある。　　　　　（　　　）

(7) 会社法では社外取締役についても定めており，一定の条件のもとで，社外取締役の選任は法定義務になっている。　　　　　　　　　　　　　　　　　　　　　（　　）

(8) 現金の払い出しをおこなう業務とそれをチェックする業務とで分担するなど，相互チェックの役割を組織内部に兼ね備えることは，統制活動ではない。　　　　　　　（　　）

〰〰〰〰〰〰〰〰〰〰 **応 用 問 題** 〰〰〰〰〰〰〰〰〰〰

問1　次の文章を読んで，問いに答えなさい。

　A社では，(a)営業部員の交通費の支払いを経理部の田中さんがおこない，その支払処理の金額や手続きを山本さんがチェックして，金額のミスや不正が発生しないようにしている。こうしたしくみを採用しているのは，万が一，不祥事が発生すると顧客や株主，取引先などからの信頼が失われ，売上高が落ち込む可能性があるためである。

　A社の経理部では経営成績や財政状態に関する情報のほかに，A社の(b)環境問題への取り組みの状況に関する報告書も作成している。この作業のために事務処理が増加しているが，その代わりに，(c)利害関係者の信用や信頼が増し，A社が発行している株式の価格が上がるといったメリットが期待できる。

(1) 下線部（a）のことを何というか，最も適切なものを次のなかから一つ選びなさい。

　　ア．フィンテック　　　イ．内部統制システム　　　ウ．メセナ
　　　　　　　　　　　　　　　　　　　　　　　　　　　　　　　　　　　............

(2) 下線部（b）のことを何というか，漢字5文字で記入しなさい。

　　　　　　　　　　　　　　　　　　　　　　　　　　　　　　　　　　　............

(3) 下線部（c）の説明として，最も適切なものを次のなかから一つ選びなさい。

　　ア．人件費が増えたり事務処理が増加したりしているので，その分，費用がかかっているということ。

　　イ．堅実な企業統治と情報開示をおこない，企業価値が向上しているということ。

　　ウ．環境問題への取り組みが企業の新規事業につながるので，今後売上高が上がる見込みがあるということ。
　　　　　　　　　　　　　　　　　　　　　　　　　　　　　　　　　　　............

━━━━━━━━━━ **発 展 問 題** ━━━━━━━━━━

問　「社外取締役」の役割として，最も適切なものを次のなかから一つ選びなさい。

（商業経済検定第21回一部修正）

　　ア．外国人を取締役に選任することで，海外における知名度を高めていくこと。

　　イ．適正な財務諸表を作成するために，取締役に監査業務を任せること。

　　ウ．経営監視機能を強化し，公正な業務執行をおこなっていくこと。
　　　　　　　　　　　　　　　　　　　　　　　　　　　　　　　　　　　............

企業統治（コーポレート・ガバナンス）②

③ 内部統制システム

学習の要点

- 企業統治（コーポレート・ガバナンス）を確保するしくみとして，監査役，指名委員会等設置会社，監査等委員会設置会社がある。

:::::::::::::::::::::::::::::: 基 本 問 題 ::::::::::::::::::::::::::::::

問1　次の文章の空欄に適切な語句を入れなさい。

(1)　（　①　）は株主総会で選任され，取締役の職務の執行を監査する。

(2)　指名委員会等設置会社では，取締役会のなかに，執行役の業務を監査する（　②　）・取締役や執行役の報酬を決定する（　③　）・取締役の選任と解任を決定する（　④　）が設置され，この三つの委員会を構成する取締役の過半数は（　⑤　）となることが会社法で決められている。

(3)　三人以上の取締役で構成される（　⑥　）が，業務執行の監査・監督をおこなうしくみの会社を（　⑥　）設置会社という。

①	②	③
④	⑤	⑥

問2　次の文章が正しい場合は○を，誤っている場合には×を記入しなさい。

(1)　資本金が5億円以上または負債総額が200億円以上の株式会社は，必ず監査役会を設置しなければならない。　　　　　　　　　　　　　　　　　　　　　　　　（　　　）

(2)　監査役が三人以上集まって監査役会を構成することもある。　　　　　　（　　　）

(3)　指名委員会等設置会社では，業務執行と経営の監査が明確に区別されているが，監査役会設置会社よりも監査機能は弱いとされている。　　　　　　　　　　　　　（　　　）

(4)　監査等委員会設置会社では，監査役または監査役会の役割と代表取締役を監査・監督するという取締役会の権限を，監査等委員会に一元化することができる。　　　（　　　）

(5)　監査等委員会設置会社は，指名委員会等設置会社に比べて監査に必要な費用がかかるため，監査等委員会設置会社に切り替える会社はほとんどない。　　　　　　（　　　）

(6)　監査等委員会の半数は社外取締役としなければならない。　　　　　　　（　　　）

(7)　株式会社は実質的には経営者のものとされている。　　　　　　　　　　（　　　）

(8)　株主総会は取締役を選任する権限をもっているが，解任させることはできない。（　　　）

応用問題

問　指名委員会等設置会社のしくみについて，図の空欄に適切な語句を記入しなさい。

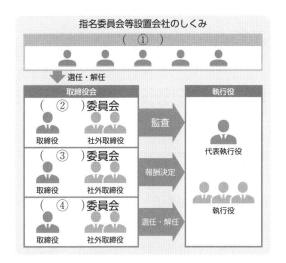

①
‥‥‥‥‥‥‥‥‥‥‥‥‥‥‥‥‥‥‥‥

②
‥‥‥‥‥‥‥‥‥‥‥‥‥‥‥‥‥‥‥‥

③
‥‥‥‥‥‥‥‥‥‥‥‥‥‥‥‥‥‥‥‥

④
‥‥‥‥‥‥‥‥‥‥‥‥‥‥‥‥‥‥‥‥

発展問題

問　次の文章を読んで，問いに答えなさい。　　　　　　　　（商業経済検定第31回一部修正）

　A社は，銀行，信託，証券をもつ金融グループで，大手銀行として初めて (a)指名委員会等設置会社を導入した。この会社のしくみは，委員会が執行役を任命し監督することによって，業務執行機能と経営の監督機能を分離するものである。これまでわが国の企業にあった (b)終身雇用と年功賃金制度では，その企業に長く継続して取締役になることによる長所がある一方で，社外取締役が少なく，内部昇進者が多いことによる問題点もあるため，取締役会の改革が必要とされていた。

(1) 下線部 (a) の説明として，最も適切なものを次のなかから一つ選びなさい。

　ア．労使関係の調整を図るため，公益・労働者・使用者の三つの委員会から構成される。

　イ．企業倫理に関して審議するために，代表取締役を委員長とした委員会が設置される。

　ウ．社外取締役を過半数以上含む，指名・監査・報酬の三つの委員会が設置される。

‥‥‥‥‥‥‥

(2) 下線部 (b) の説明として，最も適切なものを次のなかから一つ選びなさい。

　ア．企業の意思決定に他社の企業経営の経験や外部社会の視点が反映されにくく，チェック機能が強くなるという短所がある。

　イ．企業の意思決定に他社の企業経営の経験や外部社会の視点が反映されにくく，チェック機能が弱くなるという短所がある。

　ウ．企業の意思決定に他社の企業経営の経験や外部社会の視点が反映されやすく，チェック機能が強くなるという長所がある。

‥‥‥‥‥‥‥

リスク・マネジメント①

① ビジネスにおけるリスク　② リスクの種類

> 学習の要点
> ● 発生可能性とその結果が確定できない事象をリスクという。
> ● リスクの種類に応じて分類しておくと，リスクの管理がしやすくなる。

基本問題

問1 次の文章の空欄に適切な語句を入れなさい。

(1) 不確実な状況のもとで，その発生可能性とその結果（影響度）が確定できない事象を（　①　）という。

(2) 火山の噴火や集中豪雨，地震など自然災害によるリスクを総称して（　②　）リスクという。

(3) 投資や貿易などの取引をおこなっている国で，政治的・経済的・社会的に変化が起こり，利得あるいは損失をこうむる可能性のことを（　③　）・リスクという。

①....................................　②....................................　③....................................

問2 次の文章の下線部について，正しい場合には○を，誤っている場合は正しい語句を記入しなさい。

(1) リスクが大きいといった場合，発生可能性とその影響度を予想できる度合いが<u>低い</u>。

(2) 企業の意思決定や経営活動には関係なく発生するリスクを<u>財務リスク</u>という。

(3) 政府・企業・金融商品などの信用状態を評価する機関として，さまざまな調査会社や<u>判定機関</u>がある。

(4) 外交関係の悪化（または改善）や戦争，内乱にともなう政治の不安定化などを要因とするリスクを<u>財務リスク</u>という。

(1)		(2)		(3)		(4)	

問3 次の文章が正しい場合は○を，誤っている場合は×を記入しなさい。

(1) 企業が売買目的で保有している有価証券の時価が将来上がる可能性は，プラスをもたらすリスクといえる。　　　　　　　　　　　　　　　　　　　　　　　　　　　　（　　　　）

(2) 予想を超えたマイナスを与えるリスクについては，その損害額は小さくなる傾向がある。　　　　　　　　　　　　　　　　　　　　　　　　　　　　　　　　　　　（　　　　）

(3) 自然災害によるリスクや，商取引をおこなっている国で政治や経済などの変化にともなうリスクは，外的要因によるリスクにあたる。　　　　　　　　　　　　　　　　（　　　　）

(4)　自然災害によるリスクは備えることが難しいため，企業は事前の対応を考える必要はない。　　　　　　　　　　　　　　　　　　　　　　　　　　　　　（　　　）

応用問題

問　次の文章を読んで，問いに答えなさい。

　企業がビジネスを展開していくうえでは，さまざまなリスクが存在する。たとえば，(a) 火山の噴火や集中豪雨，地震などの発生や商品の欠陥による訴訟，従業員の事故といったリスクである。これらのリスクに対して，あらかじめ対策を講じておくと，企業の業績は安定化し，企業価値の向上にもつながると考えられる。逆に，(b) 予想を超えるマイナスをもたらすリスクについては，その損害額が大きくなりやすいので，注意しなければならない。

(1)　下線部 (a) を何というか，最も適切なものを次のなかから一つ選びなさい。

　　ア．カントリー・リスク　　イ．財務リスク　　ウ．自然災害リスク

(2)　下線部 (b) の説明として，最も適切なものを次のなかから一つ選びなさい。

　　ア．発生可能性は低いが影響度が大きいリスクが発生した場合，損害額は大きくなる。

　　イ．発生可能性は高いが影響度が小さいリスクが発生した場合，損害額は大きくなる。

　　ウ．発生可能性が低く，影響度が小さいリスクが発生した場合，損害額は大きくなる。

発展問題

問　次の文章を読んで，問いに答えなさい。　　　　　　　　　（商業経済検定第28回一部修正）

　2011（平成23）年，タイで大洪水が起き，タイへ進出しているわが国の企業も大きな影響を受けた。洪水の影響を受けた自動車メーカーの現地法人では，自動車の主要部品を生産している工場の操業が止まり，タイ以外の工場にも影響が出た。

　海外進出するさいに重要視しなければならないことに，(a) こうしたリスクのほかに，電力の安定供給や安全な輸送手段などの社会資本の整備や，(b) 現地の人の考え方や習慣などが異なっていることなどがあげられる。また，これまで外国企業を積極的に受け入れていた国でも，(c) 革命やクーデターによって政治体制が変化すれば，思わぬ影響が出ることも考慮しておかなければならない。

(1)　下線部 (a) のことを何というか，最も適切なものを次のなかから一つ選びなさい。

　　ア．財務リスク　　イ．信用リスク　　ウ．自然災害リスク

(2)　下線部 (b) に対して必要な対応は何か，最も適切なものを次のなかから一つ選びなさい。

　　ア．現地の人または法人から資材を調達し，調達の現地化を進める。

　　イ．現地の人を管理職に登用するなどして，人の現地化を進める。

　　ウ．現地法人の株式をできるだけ現地の人が所有し，資本の現地化を進める。

(3)　下線部 (c) のことを何というか，最も適切なものを次のなかから一つ選びなさい。

　　ア．法務リスク　　イ．信用リスク　　ウ．カントリー・リスク

リスク・マネジメント②

② リスクの種類

学習の要点
● 資金に関するリスクを財務リスクという。
● 業務に関するリスクには，品質リスク・情報セキュリティリスク・法務リスク・労務リスクなどがある。

:::::::::::::::::::::::::::::::::: **基本問題** ::::::::::::::::::::::::::::::::::

問1　次の文章の空欄に適切な語句を入れなさい。

(1) 資金（カネ）に関するリスクを（ ① ）リスクという。

(2) 受取手形や売掛金の貸し倒れなど，取引先の財政状態が悪化することによって，債権が回収できなくなるリスクを（ ② ）リスクという。

(3) 外国為替相場や証券取引所などの市場の価格が変動することによって発生するリスクを（ ③ ）リスクという。このうち外国為替相場の変動によるリスクを（ ④ ）リスクという。

(4) 生産している商品やサービスの品質に問題が発生し，消費者に危害を与えるリスクを（ ⑤ ）リスクという。

(5) 企業が保有する技術情報や顧客情報など資産として価値のある情報を（ ⑥ ）という。

(6) 各種の訴訟をおこされるリスクを（ ⑦ ）リスクという。

(7) 労働契約をめぐるトラブルやさまざまなハラスメントが発生するリスクを（ ⑧ ）リスクという。

①	②	③	④
⑤	⑥	⑦	⑧

問2　次の文章が正しい場合は○を，誤っている場合は×を記入しなさい。

(1) 企業の通常業務に関わるリスクとして，政治的な環境や経済的な環境の変化によるリスクがある。　　　　　　（　　　）

(2) 経済のサービス化が進展したことで，外国為替相場の変動によるリスクが増している。　　　　　　（　　　）

(3) 信用リスクへの対応として，取引先を選別することや貸倒引当金を設定することがある。　　　　　　（　　　）

(4) 品質リスクが発生した場合，企業は社会的に信用を失い，多額の損害賠償責任を負う可能性もある。　　　　　　（　　　）

(5) 技術情報・財務情報・販売情報の多くは，不正競争防止法で定める営業秘密に該当するが，個人情報については該当しないとされている。　　　　　　（　　　）

(6) 他者に対する発言や行動などによって相手を不快にさせたり，尊厳を傷つけたり，不利益を与えたりすることなどを総称してトラブルという。　　　　　　　　　　（　　　　）

問　次の文章を読んで，問いに答えなさい。

(a) 企業内部で秘密として管理されている技術情報や財務情報など，経営活動または営業上の情報で，公然と知られていないものが社外に漏えいすると，企業だけでなく顧客や取引先などさまざまな利害関係者に大きな被害や影響をもたらす。こうしたリスクを　　　　　という。(b) このリスクの発生可能性を減少させるために，さまざまな技術が注目されているが，これは情報化社会を迎えて，情報漏えいの被害者の数が飛躍的に増加していると考えられるためである。

(1) 下線部 (a) のことを何というか，漢字4文字で記入しなさい。

(2) 文中の　　　　　にあてはまる語句として，最も適切なものを次のなかから一つ選びなさい。
　　ア．信用リスク　　　イ．労務リスク　　　ウ．情報セキュリティリスク

(3) 下線部 (b) の説明として，最も適切なものを次のなかから一つ選びなさい。
　　ア．リスクの発生可能性は低く，影響度も低いので，さまざまな技術で最低限の対応策をとっている。
　　イ．リスクの発生可能性は低いが，影響度が極めて高いので，最新のセキュリティ技術を用いて対応策をとっている。
　　ウ．リスクの発生可能性は高いが，影響度は低いので，損害賠償請求されない程度に対応策をとっている。

問1　さまざまな理由で仕事上の権限を制限したり，継続的に嫌がらせをおこなったりする発言や行為を何というか，カタカナ6文字で記入しなさい。　　　　（商業経済検定第11回一部修正）

問2　企業が国際取引をおこなうさいには，異なった通貨を交換して取引がおこなわれる。取引の契約がおこなわれてから実際に決済がおこなわれるまでの間に，外国為替相場が変動することによって，損失をこうむるリスクがある。このリスクを何というか，最も適切なものを次のなかから一つ選びなさい。　　　　（商業経済検定第30回一部修正）
　　ア．金利リスク　　　イ．信用リスク　　　ウ．為替リスク

第**2**節

リスク・マネジメント③

③ リスク・マネジメント

 学習の要点
● リスクによる損失を最小の費用でくいとめることをリスク・マネジメントという。
● リスク対応の方法には，回避・軽減・移転・受容の四つがある。

:::::::::::::::::::::::::::::::: 基本問題 ::::::::::::::::::::::::::::::::

問1　次の文章の空欄に適切な語句を入れなさい。

(1)　企業が経営をおこなううえで発生するさまざまなリスクによる損失を，最小の費用でくい止めるマネジメントの手法を（　①　）という。

(2)　リスクの発生可能性を洗い出し，発生可能性と影響度の観点から分析・評価することを（　②　）という。

(3)　リスク対応のうち，リスクの原因を除去することを（　③　）という。

(4)　リスク対応のうち，リスクによる発生可能性を減少させることを（　④　）という。

(5)　リスク対応のうち，リスクを第三者に負担させることを（　⑤　）という。

(6)　リスク対応のうち，発生頻度が低く損失の規模が小さいリスクに対しては何もしないことを（　⑥　）という。

①ーーーーーーーーーーーーーーーー　②ーーーーーーーーーーーーーーーー

③ーーーーーー　④ーーーーーー　⑤ーーーーーー　⑥ーーーーーー

問2　次の文章が正しい場合は○を，誤っている場合は×を記入しなさい。

(1)　リスクアセスメントのさいは，リスクの発生可能性と影響度を中心に分析・評価するが，リスクが発生するまでの速度までは考慮する必要はない。　　　　　　　（　　　）

(2)　リスクアセスメントのさいには，発生の可能性が高く，影響度の度合いが大きいリスクほど慎重かつ優先的な対応をとる。　　　　　　　　　　　　　　　　　（　　　）

(3)　不要になった顧客の個人情報を消去したり，盗難対策に備えて高価な物品を持たないようにしたりするのは，リスク対応のうち軽減に相当する。　　　　　　　（　　　）

(4)　火災に備えて火災保険に加入したり，盗難に備えて盗難保険に加入したりするのは，リスク対応のうち移転に相当する。　　　　　　　　　　　　　　　　　　（　　　）

(5)　リスクを軽減するためのマニュアルを作成したからといって，それが遵守されていなければ，リスク対応が有効であるとはいえない。　　　　　　　　　　　　（　　　）

問1　次の図の空欄にあてはまる語句を記入しなさい。

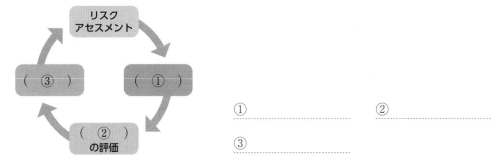

① ....　② ....

③ ....

問2　次のA群の用語に最も関係の深い文をB群から選びなさい。

【A群】

　①回避　　②軽減　　③移転　　④受容

【B群】

　ア．キーボードの破損については，対策をとらないことにしている。

　イ．情報セキュリティ対策のために，ウイルス対策ソフトをインストールしている。

　ウ．情報セキュリティのために，重要な情報を最初から持たないようにしている。

　エ．情報セキュリティ業務を外部の企業に委託している。

　　　　　　　　　　　　　①.............　②.............　③.............　④.............

═══════════ 発 展 問 題 ═══════════

問　次の文章を読んで，問いに答えなさい。　　　　　　　　　　（商業経済検定第27回一部修正）

　外国為替市場には，直物取引と先物取引があり，直物取引とは，契約と実際の取引が現在おこなわれる為替取引であり，先物取引とは，契約は現在おこなうが，決済は将来おこなう為替取引である。外国為替相場で取引をする場合，□□□□リスクが発生するが，企業はこの直物取引と先物取引を上手に用いてリスクヘッジをおこなっている。

(1)　文中の下線部について，最も適切な説明を次のなかから一つ選びなさい。

　　ア．リスクを受容することによって，企業にとっては大きな収益を得ることができ，経営計画を練ることもできる。

　　イ．リスクを系列の企業に移転することによって，企業にとっては業務の効率化を進めることができ，経営計画を練ることも可能になる。

　　ウ．リスクを軽減することによって，企業にとってはより安定した収益を確保することができ，経営計画を練ることも可能になる。　　　　　　　　　　　　　　.............

(2)　文中の□□□□にあてはまる語句として，最も適切なものを次のなかから一つ選びなさい。

　　ア．為替　　イ．信用　　ウ．品質　　　　　　　　　　　　　　　　　.............

リスク・マネジメント④

④ 事業継続計画　⑤ 保険

● 企業は緊急時における事業の継続と早期復旧に向けた計画をあらかじめ決めておく必要がある。
● 保険は社会保険と民間保険に大別することができる。

:::::::::::::::::::::::::::::::::::::: 基本問題 ::::::::::::::::::::::::::::::::::::::

問1　次の文章の空欄に適切な語句を入れなさい。

(1)　リスク対応のうち，特に大規模災害などを想定して，事業の継続と早期復旧に備える計画を（　①　）（BCP）という。

(2)　保険は国や地方自治体が運営する（　②　）と民間企業が運営する民間保険に大別できる。

(3)　民間保険は，個人が保険契約者になる（　③　）と企業が保険契約者になる企業保険に分類できる。

(4)　建物と建物の中にある動産を保険の対象（保険対象）とし，火災や落雷などによって損害が生じた場合に補償する保険は（　④　）である。

(5)　輸送中や保管中における貨物のさまざまなリスクをカバーし，事業の安全と安定を確保する保険は（　⑤　）である。

(6)　貿易や海上輸送をおこなうさいに，海の上で発生するリスクに備えた保険は（　⑥　）である。

(7)　契約によって定められた場所から，動産が盗まれたり，破損されたりした場合に生じた損害を補償する保険は（　⑦　）である。

(8)　従業員が顧客にけがをさせたり，あるいは製造した製品が原因で第三者に損害を与えたりするリスクに備えた保険は（　⑧　）である。

①	②	③	④
⑤	⑥	⑦	⑧

問2　次の文章が正しい場合は○を，誤っている場合は×を記入しなさい。

(1)　事業継続計画とは事業の継続を脅かすリスクが発生したときの行動計画をまとめた書類を指し，緊急時のために用意すべき資材や機材などは含まない。　　　　　　　（　　　　）

(2)　大規模災害などによって事業の縮小や撤退という事態を避けるために，企業は事業継続計画を立案したうえで，さまざまな利害関係者の信用を確保しておく必要がある。　（　　　　）

(3)　リスク・マネジメントにおいて，保険は移転に相当する。　　　　　　　　　　　（　　　　）

(4)　健康保険や国民年金保険，厚生年金保険への加入は任意であるため，加入対象であっても必ず加入する必要はない。　　　　　　　　　　　　　　　　　　　　　　　　（　　　　）

(5) 社会保険は国民の最低限度の生活を守るための保険であるため，すべてのリスクには対応できない。　　　　　　　　　　　　　　　　　　　　　　　　（　　　）

(6) 損害保険には，雇用保険や介護保険，火災保険がある。　　　　　　　（　　　）

(7) 地震保険への加入は，生命保険への加入が前提となっている。　　　　（　　　）

応用問題

問1　次のＡ群の用語に最も関係の深い文をＢ群から選びなさい。

【Ａ群】　①個人保険　　②企業保険　　③社会保険

【Ｂ群】　ア．運送保険　　イ．国民年金保険　　ウ．年金保険

①　　　　　　②　　　　　　③

問2　次の図の空欄にあてはまる語句を解答群から選びなさい。

社会保険	民間保険	
	個人保険	企業保険
健康保険 介護保険 （　①　） 国民年金保険 厚生年金保険　など	（　②　） 損害保険 年金保険　など	損害保険 ・火災保険 ・運送保険 ・（　③　） ・盗難保険 賠償責任保険　など

［解答群］
ア．海上保険
イ．雇用保険
ウ．生命保険

①　　　　　　②
③

発展問題

問　次の文章を読んで，問いに答えなさい。　（商業経済検定第8回・第9回一部修正）

　保険は，企業や家庭における突然の事故などによって生じる損害や人生のある時期における大口の出費をてん補するために，同じ不安をもつ人たちが「相互扶助」の精神で助け合うための制度である。保険のうち民間保険は，その対象とする危険の種類によって，損害保険と□□□□とに分類できる。

　損害保険には，対象となる危険の種類や目的によっていろいろあるが，自動車に関する損害をてん補するのが自動車保険である。また，それ以外の損害保険には新種保険と呼ばれる比較的新しく開発されたものや，海上保険，運送保険などがある。

(1) 文中の□□□□にあてはまる語句として，最も適切なものを次のなかから一つ選びなさい。
　　ア．傷害保険　　イ．生命保険　　ウ．雇用保険

(2) 文中の下線部に相当する損害保険として，最も適切なものを次のなかから一つ選びなさい。
　　ア．自動車損害賠償責任保険　　イ．火災保険　　ウ．賠償責任保険

企業の社会的責任①

① 環境の保護と保安　② 共通価値の創造

● 企業には持続可能な社会の実現に向けた取り組みが要求されている。
● 企業には社会と企業に共通の価値を創造することが求められている。

:::::::::::::::::::::::::::::::::::::: 基 本 問 題 ::::::::::::::::::::::::::::::::::::::

問1　次の文章の空欄に適切な語句を入れなさい。

(1) 環境に負荷をかけない部品や原材料を生産している仕入先から優先的に部品や原材料を購入することを（　①　）という。

(2) （　②　）システムに関する国際規格はISO14001であり，その取得を取引の条件にくわえる企業もでてきている。

(3) 現在の地球環境を適切に保護・保全し未来の世代が必要とするものを損なうことなく，開発をおこない，経済成長を遂げていこうとする考え方の社会を（　③　）な社会という。

(4) 企業が自発的に環境の保護や保全といった社会的な課題に取り組み，社会全体に対して価値を創造するとともに，企業自身にも経済的な価値を創造することを（　④　）（CSV）という。

(5) 自然環境や地域社会に配慮した商品やサービスを購入するといった，倫理的で道徳にかなった消費を（　⑤　）という。

① _____　　② _____　　③ _____

④ _____　　⑤ _____

問2　次の文章が正しい場合は〇を，誤っている場合は×を記入しなさい。

(1) 環境破壊や環境汚染を予防するとともに，もしそれらが発生してしまった場合には，なるべく元に戻そうとすることを環境の保全といい，なるべく現在の状態のまま環境を残していこうとすることを環境の保護という。　　　　　　　　　（　　　）

(2) 持続可能な社会の実現に向け，個人のみならず企業もまた取り組むことが要求されている。　　　　　　　　　（　　　）

(3) 利益の最大化を最優先にする企業は，消費者の支持と信頼を失い，利益も獲得できない時代になっている。　　　　　　　　　（　　　）

(4) 社会的な価値を生み出すことは，企業にとっては，ビジネスをおこなううえでの目標の一つとなる。　　　　　　　　　（　　　）

問 次の文章を読んで，問いに答えなさい。

　わが国の緑茶飲料の市場は拡大傾向にあるが，一方で茶を生産する農家では高齢化や後継者問題を抱えている。また，茶の市場価格は変動するので，市場の原理にまかせていると農家は安定的な収益を確保できない。そこで，飲料メーカーのI社ではすべての茶葉を買い取るという前提で，長期にわたる茶葉の仕入契約を農家と締結している。これにより，(a)I社は高品質な茶葉の安定的な仕入れが可能になるとともに，農家にとっては安定的な収益の確保や後継者の育成などが可能になった。I社は，こうした長期にわたる仕入計画により，(b)肥料や農薬の量を調整して高品質な茶葉の確保と環境への負荷を軽減し，循環型の農業を推進している。

(1) 下線部(a)のことを何というか，最も適切なものを次のなかから一つ選びなさい。

　　ア．エシカル消費　　　イ．共通価値の創造　　　ウ．ファクタリング

(2) 下線部(b)の説明として，最も適切なものを次のなかから一つ選びなさい。

　　ア．長期にわたり茶葉を安く仕入れることで，会社の持続可能性が担保されることになる。

　　イ．環境を適切に保全・保護することによって，持続可能な社会を実現していこうとする取り組みのあらわれである。

　　ウ．農家が廃業したり耕作放棄地が増えたりした場合には仕入契約を破棄して，海外の農家と契約すればよいという考え方である。

〰〰〰〰〰〰 **発 展 問 題** 〰〰〰〰〰〰

問 次の文章を読んで，問いに答えなさい。　　　　　　　（商業経済検定第18回一部修正）

　近年，企業には環境問題に対する配慮や地域社会への貢献など，社会的責任を果たすことが強く求められている。したがって，経営者の意思決定の過程や企業活動全般に対して監視し，あるときは改善を要求したりして，経営責任を問うシステムを構築することで，企業は経営の執行のチェックや結果責任，経営の透明性の向上などを図ろうとしている。

　たとえばアメリカに本社を置くあるコンピュータメーカーは，環境負荷軽減の仕組みを経営に取り入れた環境マネジメントシステムを導入し，企業全体で[　　　]14001統合認証を取得したり，慈善事業や福祉上への協力などをおこなったりしている。

(1) 下線部はなぜ必要とされるのか，最も適切なものを次のなかから一つ選びなさい。

　　ア．ナレッジマネジメントを遂行するため。

　　イ．コーポレートガバナンスを実現するため。

　　ウ．コンピテンシーを促進するため。

(2) 文中の[　　　]にあてはまる語は何か，次のなかから正しいものを一つ選びなさい。

　　ア．ANSI（アメリカ合衆国規格協会）　　　イ．JIS（日本産業規格）

　　ウ．ISO（国際標準化機構）

企業の社会的責任②

③ 企業の社会的責任　④ 文化活動の支援

- 社会的責任の遂行に努力すると企業価値も高くなる。
- 企業が資金を提供して，文化活動の支援をおこなうことがある。

::::::::::::::::::::::::::::::::::: 基 本 問 題 :::::::::::::::::::::::::::::::::::

問1　次の文章の空欄に適切な語句を入れなさい。

(1)　企業の（　①　）とは，企業が利害関係者の要請に積極的に対応しながら事業活動をおこなうことを通じて，企業の持続的な成長，さらには社会の持続的発展への貢献を目指す考え方である。

(2)　企業の行動と企業を構成する従業員や経営者の意思決定の根幹となる最も重要な守るべき考え方を（　②　）という。

(3)　企業活動をおこなっていくさいには，利害関係者に対して資金の使途，企業活動の方針，内容，結果などに対する（　③　）（説明責任）を果たすことが重要である。

(4)　法律や条例，命令などを守るさまざまな取り組みを（　④　）（法令遵守）という。

(5)　違法行為があった場合に内部告発をおこなった人を保護する制度を（　⑤　）制度という。

(6)　企業が資金を提供して文化活動の支援をおこなうことを（　⑥　）という。

(7)　企業が社会貢献のために奉仕活動をおこなったり，公益性の高い財団法人などに寄付金を拠出したりすることを（　⑦　）という。

(8)　主に投資家に向けて企業がおこなう広報活動を（　⑧　）という。

①	②	③	④
⑤	⑥	⑦	⑧

問2　次の文章で正しいものには○を，間違っているものには×を記入しなさい。

(1)　社会的責任という概念には，企業が手がけている事業とは別の社会貢献活動は含まれない。
（　　　）

(2)　社会的責任を果たさない企業に対しては，株主や消費者などの利害関係者から支持を失うリスクが高くなる。
（　　　）

(3)　企業が説明責任を果たすためには，利害関係者に対して資金の使途を説明しなければならないが，企業活動の方針や内容，結果は含まれない。
（　　　）

(4)　企業が資金を提供して文化活動の支援をおこなうことは，企業の社会的責任とは区別される場合もある。
（　　　）

問1　次のＡ群の用語にもっとも関係の深い文をＢ群から選びなさい。

【Ａ群】

①企業倫理　　②アカウンタビリティ　　③コンプライアンス　　④公益通報者保護制度

【Ｂ群】

ア．法律や命令などを守るさまざまな取り組み

イ．資金の使途，企業活動の方針，内容，結果などについて説明する義務・責任

ウ．企業の不祥事を明らかにするために，内部告発（公益通報）をした人を保護することで，被害の拡大を防止しようとする制度

エ．企業の行動と企業を構成する従業員や経営者の意思決定の根幹となる最も重要な守るべき考え方

①　　　　　　②　　　　　　③　　　　　　④

問2　Ａ社は芸術や文化を通じて地域の振興や次世代育成など社会的課題の解決を図ることができるのではないかと考え，地元で新たに映画祭を開催するにあたって，スポンサーとして資金を拠出することにした。こうした活動のことを何というか，カタカナ３文字で答えなさい。

問　次の文章を読んで，問いに答えなさい。　　　　　　　　　（商業経済検定第18回一部修正）

　近年，企業では自らの不祥事や業績悪化などが原因で，その企業のもつイメージを低下させたり，さらには経営危機に陥ったりしてしまう事態もあった。こうしたなかで，企業は (a) コンプライアンスを基本として，社会的責任を果たすことを強く求められている。

　たとえばIBM社は，近年の企業環境の変化に対応して，いちはやく (b) IR活動をおこなったり，企業活動の体制の見直しをおこなったりしている。

(1)　下線部（a）の説明として，最も適切なものを次のなかから一つ選びなさい。

　ア．社内規定や法律に従って，職務を遂行していくこと。

　イ．自社にしかない技術や能力を見つけ出して，そこに企業活動を集中させていくこと。

　ウ．顧客情報を一括して管理・分析し，長期的視点から顧客と良好な関係を築くこと。

(2)　下線部（b）の内容は何か，最も適切なものを次のなかから一つ選びなさい。

　ア．企業が，投資家向けに「企業情報の適時開示」などをおこなう広報活動

　イ．企業が，広範囲の利害関係者に対して，良い関係を維持するためにおこなう諸活動

　ウ．企業が，さまざまな事業を通じて，消費者に自社の統一イメージを知らせる活動

ビジネスの創造の意義と課題

① ソーシャルビジネス　② ソーシャルビジネスの担い手　③ 地域産業の振興とソーシャルビジネス　④ ビジネスモデルの事例分析　⑤ 社会的な課題と新しいビジネスモデルの考案

● ビジネスアイデアとビジネスモデルが革新性には重要である。
● 地域産業が地域の活性化に果たす役割は大きい。
● ビジネスを始めるさいには基本的なコンセプトが必要である。

::::::::::::::::::::::::::::: 基本問題 :::::::::::::::::::::::::::::

問1　次の文章の空欄に適切な語句を入れなさい。

(1)　ビジネスの手法を用いて社会的な課題の解決に取り組むことを（　①　）という。

(2)　世界的に商品やサービスの供給が増加している一方で，消費者の「本物志向」は高まっていることから，（　②　）が重要になってきている。

(3)　新しいビジネスを立ち上げていくためには，まず（　③　）を考案する。次に，その（　③　）を実現するための（　④　）を立案し，検証作業をおこなう。そのうえで（　⑤　）を構築し，商品やサービスを提供することによって，利益を獲得する。

(4)　ビジネスを始めるさいには，事業内容に関する基本的な（　⑥　）が必要になる。

(5)　アイデアを絞り込んでいくプロセスのことをアイデア・（　⑦　）という。

① _____　② _____　③ _____

④ _____　⑤ _____　⑥ _____

⑦ _____

問2　次の文章が正しい場合は○を，誤っている場合は×を記入しなさい。

(1)　現在では，社会的な課題に取り組み，社会全体に価値を創造するとともに，企業自身にも利益をもたらすといった共通価値の創造が求められている。　　　　　　　（　　　）

(2)　価値観やニーズが多様化した結果，行政だけでなく企業やNPO（特定非営利活動法人）などの活動に寄せられる期待は大きい。　　　　　　　　　　　　　　　　（　　　）

(3)　ソーシャルビジネスには事業性や革新性は必要だが，社会性は必要ない。　（　　　）

(4)　ビジネスの担い手の中心は企業であり，とりわけ合名会社が多い。　　　（　　　）

(5)　長い時間をかけて技術や技能を蓄積してきた地域産業が地域の活性化に果たす役割は大きい。　　　　　　　　　　　　　　　　　　　　　　　　　　　　　　　　（　　　）

問　次の語群をビジネスの立ち上げの順番に並び替えなさい。

　ア．商品やサービスを提供することによって利益を獲得する。

　イ．ビジネスプランを検証する。

　ウ．ビジネスプランを立案する。

　エ．ビジネスアイデアを考案する。

　オ．ビジネスモデルを構築する。　　　　　　　→　　　　→　　　　→　　　　→

════════════ 発 展 問 題 ════════════

問　次の文章を読んで，問いに答えなさい。　　　　　　　　　　（商業経済検定第31回一部修正）

　秋田県の山あいのA町では，古民家を活用したプロジェクトが生まれ，都会と地方を結ぶ新たな (a) 地域産業として，全国から注目を浴びている。

　A町は高齢化率が高いことが課題だったが，(b) 地域の伝統的な技術やノウハウをもとに造られた建築物を活かして，何か新しいサービスで人々の役に立てるビジネスができないかという発想を地元の若手農家とベンチャー企業がしたのが始まりである。こうしたアイデアをまとめるにあたり，(c) Who，What，How の三つの観点を用いることにした。その結果，インターネットを利用して不特定多数の人々に呼びかけて少額の資金を集め，古民家の維持にあてることに成功し，出資者はその古民家に宿泊して農作業体験などができるようになった。(d) こうした一連の取り組みは，高齢化や過疎化といった社会的な課題の解決に役立ったといえる。

(1)　下線部 (a) の目標について，最も適切なものを次のなかから一つ選びなさい。

　ア．地域で暮らす人の将来の生活とワークライフバランスの実現を目標としている。

　イ．コミュニティの再生などの社会的価値と雇用の拡大という経済的価値を同時に創造することによる社会貢献の実現を目標としている。

　ウ．地域で暮らす人の資産価値と投資価値を同時に創造して，堅実な資産運用を図ることを目標としている。

(2)　下線部 (b) のことを何というか，カタカナ8文字で記入しなさい。

(3)　本文の趣旨から，下線部 (c) に記された what にあてはまるものはどれか，次のなかから適切なものを一つ選びなさい。

　ア．どのような人がサービスを購入してくれるのか。

　イ．古民家を活用してどのようなサービスを提供するのか。

　ウ．販売のルートや価格をどのように提供するのか。

(4)　下線部 (d) について，このような取り組みを何というか，最も適切なものを次のなかから一つ選びなさい。

　ア．ソーシャルビジネス　　イ．NPO　　ウ．フィランソロピー

プロジェクト管理

第2節

① プロジェクト管理の目的　② プロジェクト管理の流れ
③ プロジェクトの事後評価

学習の要点
● ビジネスプランを実行するさいには，多くの場合，プロジェクト管理がおこなわれる。
● 必要な課題の洗い出しにはKJ法やブレーンストーミングが用いられる。
● プロジェクトが完了した後には，事後評価をおこなう。

基本問題

問1　次の文章の空欄に適切な語句を入れなさい。

(1)　関係する人間のさまざまな欲求や必要性に配慮しつつ，プロジェクトを実施していくための手法を（　①　）管理という。

(2)　アイデアや知見を一つずつカードやふせんに書き出して，グループ化してまとめていく手法を（　②　）という。

(3)　最初に立案するおおまかなスケジュールのことを（　③　）スケジュールという。

(4)　プロジェクトの実行管理にあたっては，（　④　）を明確にする。

(5)　プロジェクトの進捗状況について管理職や外部の顧客に対して作成する報告書を（　⑤　）という。

(6)　プロジェクトの実行にさいしては，（　⑥　）の枠内でプロジェクトが完了するように費用の削減に努める必要がある。

(7)　プロジェクトが完了した後には（　⑦　）をおこない，次回のプロジェクトの改善に活用していく必要がある。

①	②	③	④
⑤	⑥	⑦	

問2　次の文章の下線部について，正しい場合には○を，誤っている場合は正しい語句を記入しなさい。

(1)　相互の批判を禁止し，自由奔放に議論して新しいアイデアを出す手法を<u>ブレーンストーミング</u>という。

(2)　プロジェクトを立案するさいは，最初に「成果物」を決める。

(3)　<u>詳細スケジュール</u>には現在の状況と，もし計画よりも遅れが生じている場合にはその対策と予測を記入して作成する。

(4)　完成度（品質）に関する管理のことを<u>原価管理</u>という。

(5)　作業の日程を管理する手法には，PERT図や<u>ガントチャート</u>（日程管理図）がある。

(1)		(2)		(3)		(4)		(5)	

問1　ガントチャートの説明として，最も適切なものを次のなかから一つ選びなさい。

　　ア．縦軸に作業の項目，横軸に期間をとって，作業の開始予定日と終了予定日までの予定を記入し，作業が完了した後に下に実績を書き込むことで進捗管理をおこなう。

　　イ．事業内容や顧客への提供価値，資金調達の方法などを記載し，自分が手がけようとしている事業の魅力と将来性を金融機関や投資家などに伝える。

　　ウ．作業が複雑に関連する業務を対象に，図を用いて計画・評価するために開発された日程管理の手法で，全体の作業の遅れにつながる作業経路をクリティカルパスという。

問2　広告入りの団扇を作成するにあたり，視認性については，カラーユニバーサルの観点でチェックをおこない，耐久性については製紙会社に用紙の厚さや重さを確認し，一定の数値目標をたてて，完成度を確認することにした。こうした一連の管理を何というか，漢字4文字で記入しなさい。

問3　プロジェクトの説明として，最も適切なものを次のなかから一つ選びなさい。

　　ア．アイデアのうちビジネスに関するもので商品開発に限定されず，新しい販売方法や生産方法，事業構想など幅広いものを含む。

　　イ．事業の継続を脅かすリスクが実際に発生した場合に備えて作成しておく計画で，そのときの行動計画を示す書類や用意しておく資材や機材などすべてを含む。

　　ウ．特定の目的のもとで実施される一連の手続きであり，目的を達成するために本来の組織とは別にチームなどの組織を形成することが多い。

問　「他人の意見を批判することなく自由にアイデアを出し合う方法」を何というか，次のなかから正しいものを一つ選びなさい。　　　　　　　　　　　　　　（商業経済検定第18回一部修正）

　　ア．ブレーンストーミング　　イ．バズセッション　　ウ．シンポジウム

起業の意義と手続き①

① 企業家精神の重要性　② 起業の支援体制　③ 事業計画書の作成

- 企業家精神が経済成長を促している。
- 政府や地方公共団体などが起業に関する支援体制を整えている。
- 事業の魅力や将来性を金融機関や投資家に伝えるために事業計画書を作成する。

基本問題

問1　次の文章の空欄に適切な語句を入れなさい。

(1)　既存の経営資源や生産方法の新しい組み合わせなどを考案して，商品やサービスの販売をおこなう経済主体を（　①　）という。

(2)　生産方法の新たな組み合わせを考案するなどして，商品やサービスに具体化していこうとする精神を（　②　）という。

(3)　ベンチャー企業に資金を融資する民間企業を（　③　）という。

(4)　人的資源や物的資源の不足については，（　④　）法など各種の法令が整備され，国や地方公共団体による（　⑤　）などがある。

(5)　金融機関が融資をおこなう場合，通常はなんらかの資産を担保としたり保証人を要求したりするが，一定の審査を受けたうえで，無担保・無保証で（　⑥　）が融資をおこなう場合がある。

(6)　民間金融機関による融資を促進するために，一定の資格と審査を要件として，（　⑦　）が保証制度を実施する制度がある。

(7)　民間の投資会社が運営する投資ファンドに（　⑧　）が出資することによって，民間の資金を呼び込み，ベンチャー企業や新規事業を手がける中小企業への投資を促進する制度がある。

①	②
③	④
⑤	⑥
⑦	⑧

問2　次の文章の下線部について，正しい場合には○を，誤っている場合は正しい語句を記入しなさい。

(1)　新しい技術や新しいアイデア，生産方法の新しい組み合わせなどから社会的な価値を生み出すことを<u>プロジェクト</u>という。

(2)　大学での研究成果や特許権などを民間企業へ技術移転する機関を<u>ICT</u>という。

(3) 自分が手がけようとしている事業の魅力と将来性を金融機関や投資家などに伝えるために，事業計画書を作成する。

(4) 中小企業金融公庫では，一定の審査のもと，無担保・無保証で融資をおこなう場合がある。

(5) 民間の投資会社が運営する投資ファンドに中小企業基盤整備機構が出資することで，ベンチャー企業や中小企業などへの投資を促進する制度がある。

(1)	(2)	(3)	(4)	(5)

応 用 問 題

問　複数の課題を同時並行的に処理していく場合，優先的に処理すべき課題として最も適切なものを次のなかから一つ選びなさい。

ア．重要性は高いが，緊急度が低い課題　　イ．重要性が低く，緊急度も低い課題

ウ．重要性は低いが，緊急度が高い課題　　エ．緊急度が高く，重要性も高い課題

発 展 問 題

問　次の文章を読んで，問いに答えなさい。　　　　　　　　（商業経済検定第22回一部修正）

　ベンチャー企業の資金以外の面では，大学の教授や研究者などがベンチャー企業の経営に参画したり，(a)TLO（技術移転機関）がベンチャー企業と大学の連携を図ったりすることで，技術移転が進んでいる。地方自治体のなかには，(b)設立初期のベンチャービジネスを育成するために，研究室や事務所などの施設を安価に提供しているところもある。

(1) 下線部(a)がおこなっている内容として，最も適切なものを次のなかから一つ選びなさい。

ア．大学が開発した新技術や研究成果を検証し，有効性が確認されたデータをベンチャー企業の意思決定に活かせるように提供すること。

イ．大学が開発した新技術や研究成果をもとに特許を取得し，ベンチャー企業をはじめとした民間企業とライセンス契約を結ぶ仲介をし，その使用料を大学や研究者に還元すること。

ウ．大学が開発した新技術や研究成果をもとに商品を開発し，そのうち利益が見込める商品をベンチャー企業など民間企業に売り込むこと。

(2) 下線部(b)のような施策を何というか，次のなかから正しいものを一つ選びなさい。

ア．コミュニティ　　イ．インキュベーション　　ウ．サテライト

第3節　起業の意義と手続き②

④ 株式会社設立の手続きの概要　⑤ さまざまなビジネスモデル
⑥ 株式会社をつくろう

学習の要点
- 株式会社の設立方法には，発起設立と募集設立の二種類がある。
- 広告モデルやフリーミアムモデルといった新しいビジネスモデルが成功をおさめている。

:::::::::::::::::::::::::::::: 基 本 問 題 ::::::::::::::::::::::::::::::

問1　次の文章の空欄に適切な語句を入れなさい。

(1)　株式会社の設立方法には，発起人だけで設立する（　①　）と，発起人以外も参加する（　②　）の二種類がある。

(2)　会社の名前のことを（　③　）という。

(3)　会社の基本原則のことを定款といい，定款に必ず記載しなければならない事項を（　④　）事項という。

(4)　定款を作成した後は，改ざんなどを防止するために，（　⑤　）の認証を受ける。

(5)　（　⑥　）の申請日が会社を設立した日となる。

(6)　広告を掲載または放送することなどによって，顧客からではなく広告の発注者から広告料を得るビジネスモデルを（　⑦　）という。

(7)　基本的な商品やサービスは無料で提供し，付属品や追加的な機能については有料とするビジネスモデルを（　⑧　）という。

①	②	③
④	⑤	⑥
⑦	⑧	

問2　次の文章が正しい場合は○を，誤っている場合は×を記入しなさい。

(1)　設立時取締役や設立時監査役などの選任は，発起人の議決権の過半数をもって決定する。
（　　　）

(2)　設立当初から多額の資金が必要な場合には，募集設立のほうが適している。　　（　　　）

(3)　合名会社を設立する場合は，一人以上の出資者が定款を作成して，設立登記をすればよい。
（　　　）

(4)　登記の申請は，支店所在地の登記所で，登記申請書に添付書類を添えておこなう。
（　　　）

(5)　定款を公証役場に提出した日が会社を設立した日となる。　　　　　　（　　　）

問　次の文章を読んで，問いに答えなさい。

　ゲームソフトを開発しているA社では，(a) 新作のゲームを無料で提供し，ゲームをおこなううえで特殊なアイテムを必要とするユーザーには有料でアイテムの販売をおこなっている。無料で提供するサービスと有料で提供するアイテムの区別に細心の注意を払い，発売当初は約３万人のユーザーを獲得し，そのうち約2,000人が有料のアイテムを購入した。

　さらに売上高を上げるために，(b) A社は無料で提供しているゲームには広告を表示するようにし，ゲームのユーザーからは対価をとらずに，広告を出す企業からは広告料を得ることにした。

(1)　下線部 (a) のことを何というか，最も適切なものを次のなかから一つ選びなさい。

　　ア．ロングテール　　イ．フリーミアムモデル　　ウ．広告モデル

(2)　下線部 (b) のことを何というか，最も適切なものを次のなかから一つ選びなさい。

　　ア．ロングテール　　イ．フリーミアムモデル　　ウ．広告モデル

≡≡≡≡≡≡≡≡≡≡ 発 展 問 題 ≡≡≡≡≡≡≡≡≡≡

問１　次の文章を読んで，問いに答えなさい。　　　　　（商業経済検定第13回一部修正）

　株式会社の設立の手続きは，発起人が (a) 会社の根本原則を定めた書類を作成するところから始まる。この書類が作成され，公証人の認証を受けた後は，(b) 会社設立のさいに発行する株式の総数の一部を発起人が引き受け，残りを引き受ける人を広く一般から探したり，縁故を頼って株主を探したりする方法と，発起人だけで引き受ける方法とがある。

(1)　下線部 (a) の名称として，次のなかから正しいものを一つ選びなさい。

　　ア．寄付行為　　イ．定型約款　　ウ．定款

(2)　下線部 (b) のことを何というか，漢字４文字で記入しなさい。

問２　「商号」の説明として，最も適切なものを次のなかから一つ選びなさい。

　　　　　　　　　　　　　　　　　　　　　　（商業経済検定第９回一部修正）

　　ア．株式会社の社名　　イ．株式会社の住所　　ウ．株式会社のロゴマーク

問1　次の(1)～(5)に最も関係が深いものを解答群から選びなさい。（各4点）

(1)　労働者の作業量を標準的な作業量をもとに科学的，客観的に管理する手法。

(2)　組織の存続条件として，構成員への誘引と貢献に着目した理論。

(3)　不満足を生み出す要因を取り除いても満足にはつながらないことを明らかにした理論。

(4)　アメリカの自動車メーカーが20世紀初頭に採用していた大量生産方式。

(5)　日本の自動車メーカーが生み出した必要なものを必要な時に必要な量だけ生産し供給するしくみ。

［解答群］　ア．フォード・システム　　イ．動機づけ・衛生理論　　ウ．組織均衡論
　　　　　　エ．科学的管理法　　オ．ジャスト・イン・タイム

(1)	(2)	(3)	(4)	(5)

問2　次の(1)～(5)について，条件にあてはまるものにはAを，それ以外にはBを記入しなさい。

（各4点）

【条件】日本的経営

(1)　年齢や勤続年数に応じて賃金が上がっていく制度。

(2)　性別や人種，年齢，価値観，言語にとらわれずに多様な個性の従業員を採用するしくみ。

(3)　仕事の成果に応じて，賃金や昇進を決定する人事方針。

(4)　毎年4月に大学や高校の新規の卒業生を採用し，定年まで雇用するしくみ。

(5)　企業単位で所属している従業員によって組織されている労働組合。

(1)	(2)	(3)	(4)	(5)

問3　次の文章の空欄にあてはまる語句を解答群から選びなさい。（各4点）

　アメリカの経営学者バーナードによれば，組織が成立するためには三つの条件が必要となる。まず（　①　）で，これを達成するために従業員は自ら労力を提供して，努力する。二つ目は，（　②　）であり，これがなければそれぞれ役割をもった人びとが協力しあって働くことができない。三つ目は（　③　）で，これにより従業員相互の活発なやりとりが可能になる。

［解答群］　ア．コミュニケーション　　イ．共通目的　　ウ．協働意欲

①	②	③

問4　次の文章の下線部について，正しいときは○を，誤っているときは解答群から正しいものを選び，記号で答えなさい。（各4点）

(1)　研究開発・生産・販売など，業務内容ごとに部門化された組織を機能別組織という。

(2)　事業部長と機能部長のそれぞれから指示を受ける組織を事業部制組織という。

(3)　生産部や販売部など，企業の売上高に直接的に関与するような部門をスタッフ組織という。

(4)　「あたかも一つの独立した会社」かのように編成した組織をマトリックス組織という。

(5)　組織が機能別に分業を進めていくことを垂直的分業という。

［解答群］　ア．マトリックス　　イ．カンパニー制　　ウ．水平的分業　　エ．コンフリクト
　　　　　　オ．ライン

(1) ....　(2) ....　(3) ....　(4) ....　(5) ....

問5　次の文章を読み，問いに答えなさい。（各4点）

　ある企業は資材を購買するさいに，(a) 仕入先が環境に負荷をかけないようにどの程度努力して いるのかを見極めてから，発注することにしている。また，(b) 環境マネジメントの国際標準規格 を取得し，(c) 地球環境を適切に保護・保全しつつ経済成長を遂げていこうとする考え方を採用し ている。

　また，こうした企業の姿勢について，(d) さまざまな財務情報とあわせて投資家に広報活動をお こなって，投資家との信頼関係を構築している。

(1)　下線部 (a) のことを何というか，次のなかから正しいものを一つ選びなさい。

　　ア．当用仕入　　イ．グリーン調達　　ウ．エシカル消費 ....

(2)　下線部 (b) の規格を何というか，次のなかから正しいものを一つ選びなさい。

　　ア．ISO9000　　イ．ISO14001　　ウ．ISO27001 ....

(3)　下線部 (c) のことを何というか，次のなかから正しいものを一つ選びなさい。

　　ア．持続可能な社会　　イ．情報化社会　　ウ．超高齢化社会 ....

(4)　下線部 (d) のことを何というか，次のなかから正しいものを一つ選びなさい。

　　ア．QR　　イ．AR　　ウ．IR ....

問6　次の文章を読み，問いに答えなさい。（各4点）

　企業がどれだけ財務管理を適切におこなっているか，またその企業の財政状態や経営成績がど の程度なのかを見極めるために，財務分析がおこなわれる。この財務分析は，(a) どれだけ効率的 に利益をあげているのか，(b) 過去の収益・費用・利益の金額をもとに，将来の業績がどうなるの か，(c) 倒産に陥る可能性などがどの程度あるのかなど三つの観点からおこなわれる。

(1)　下線部 (a) の目的でおこなわれる財務分析を何というか，次のなかから正しいものを一つ 選びなさい。

　　ア．収益性分析　　イ．成長性分析　　ウ．流動性分析　　エ．安全性分析 ....

(2)　下線部 (b) の目的でおこなわれる財務分析を何というか，次のなかから正しいものを一つ 選びなさい。

　　ア．収益性分析　　イ．成長性分析　　ウ．流動性分析　　エ．安全性分析 ....

(3)　下線部 (c) の目的でおこなわれる財務分析を何というか，次のなかから正しいものを一つ 選びなさい。

　　ア．収益性分析　　イ．成長性分析　　ウ．流動性分析　　エ．安全性分析 ....

問1 次の(1)～(5)に最も関係が深いものを解答群から選びなさい。(各4点)

(1) 競合・顧客・自社のそれぞれの視点から情報を整理して分析する方法。

(2) 外部環境や内部環境を強み・弱み・機会・脅威の四つの要因から分析する方法。

(3) 政治・経済・社会・技術の四つの軸にそって情報を整理して考えていく方法。

(4) 新規参入の脅威や買い手の交渉力など五つの要因で環境を分析していく手法。

(5) 既存の商品や事業について市場成長率と市場占有率をもとに位置づけを分析する手法。

[解答群]　ア．ファイブフォース分析　　イ．PEST分析　　ウ．PPM　　エ．３Ｃ分析
　　　　　オ．SWOT分析

(1)　　　　(2)　　　　(3)　　　　(4)　　　　(5)

問2 次の(1)～(5)について，条件にあてはまるものにはAを，それ以外にはBを記入しなさい。

(各4点)

【条件】株式会社

(1) 資金の調達や仕事の多くを個人の能力に頼っている。

(2) 会社の所有権を細かく分けた株式を発行している。

(3) 経営者は出資者から選ばなければならない。

(4) 監査役会設置会社・指名委員会等設置会社・監査等委員会設置会社などがある。

(5) 特定非営利活動促進法によって法人格を取得した法人である。

(1)　　　　(2)　　　　(3)　　　　(4)　　　　(5)

問3 次の文章の空欄にあてはまる語句を解答群から選びなさい。(各4点)

　損害保険には，建物や建物の中にある動産などを保険対象とし，火災や落雷などによって損害が生じた場合に補償する（　①　）や輸送中や保管中における貨物のさまざまなリスクをカバーする（　②　），貿易や海上輸送をおこなうさいに，海の上で発生するさまざまなリスクにそなえる（　③　），また動産が盗まれたり破損されたりした場合に生じる損害を補償する（　④　）などがある。最近では，製造した製品が原因で第三者に損害を与えた場合のリスクなどに備えた（　⑤　）も注目を集めている。

[解答群]　ア．盗難保険　　イ．海上保険　　ウ．火災保険　　エ．賠償責任保険
　　　　　オ．運送保険

①　　　　②　　　　③　　　　④　　　　⑤

問4 次の文章の下線部について，正しいときは〇を，誤っているときは解答群から正しいものを選び，記号で答えなさい。(各4点)

(1) 大規模災害などを想定して，事業の継続と早期復旧に備える計画のことを<u>BCP</u>という。

(2) 不確実な状況のもとで，その発生可能性と結果が確定できない事象を<u>イベント</u>という。

(3) 財政状態や経営成績などを実際よりも良好にみせることを<u>情報開示</u>という。

(4) 特許権・実用新案権・意匠権・商標権を総称して<u>産業財産権</u>という。

(5) 流通経路全体の最適化をめざすシステムを<u>サプライチェーンシステム</u>という。

[**解答群**]　ア．RPA　　イ．粉飾決算　　ウ．著作権　　エ．POSシステム

　　　　　オ．リスク

(1) _____　(2) _____　(3) _____　(4) _____　(5) _____

問5　次の文章を読み，問いに答えなさい。(各4点)

　既存の経営資源や生産方法の新しい組み合わせを考案して，商品やサービスの販売をおこなう人を　①　といい，たとえば(a)<u>ベルトコンベアーなどの大量生産の手段</u>と寿司店を組み合わせると回転寿司となる。こうした組み合わせを考案することを　②　という。

　こうした組み合わせの考案については，ベンチャー企業のほうが適している場合もある。そこで，経済産業省をはじめとして，政府や地方公共団体によるさまざまな支援体制がある。たとえば(b)<u>政府系金融機関による無担保・無保証の融資制度</u>などがその例である。

　また，(c)<u>民間企業のなかでもベンチャー企業に融資をする企業</u>があるほか，大学などによるTLO（技術移転機関）の支援などもある。

(1) 文中の　①　にあてはまる語句として，最も適切なものを次のなかから一つ選びなさい。

　　ア．経営者　　イ．株主　　ウ．企業家 ....

(2) 下線部(a)のような生産システムを何というか，最も適切なものを次のなかから一つ選びなさい。

　　ア．フォード・システム　　イ．POSシステム　　ウ．内部統制システム ....

(3) 文中の　②　にあてはまる語句として，最も適切なものを次のなかから一つ選びなさい。

　　ア．ソーシャルビジネス　　イ．フィンテック　　ウ．イノベーション ....

(4) 下線部(b)にあてはまる金融機関として，最も適切なものを次のなかから一つ選びなさい。

　　ア．日本政策金融公庫　　イ．中小企業基盤整備機構　　ウ．日本銀行 ....

(5) 下線部(c)のような企業を何というか，最も適切なものを次のなかから一つ選びなさい。

　　ア．RPA　　イ．インキュベーション　　ウ．ベンチャーキャピタル ....

問1　次の(1)～(4)に最も関係が深いものを解答群から選びなさい。（各4点）

(1)　これまで存在しなかった新しい市場を生み出すことで，競争がない新しい事業を展開していく戦略。

(2)　特定の顧客層や特定の地域などに経営資源を集中する戦略。

(3)　特徴的な商品を創造することにより自社の商品を差別化して，優位性や独自性を築く戦略。

(4)　商品を大量生産することで費用を下げて，低価格で大量に販売し，シェアを伸ばす戦略。

［解答群］　ア．集中戦略　　　イ．コスト・リーダーシップ戦略　　　ウ．ブルー・オーシャン戦略
　　　　　　エ．差別化戦略

(1)　　　　　　(2)　　　　　　(3)　　　　　　(4)

問2　次の(1)～(5)について，条件にあてはまるものにはAを，それ以外にはBを記入しなさい。
（各4点）

【条件】企業の社会的責任

(1)　SDGsで掲げられた目標に取り組み，環境の保護と保全を図る。

(2)　倫理行動規範などを策定し，コンプライアンスを徹底する。

(3)　コーポレート・アイデンティティの確立のため，美しいロゴデザインを作成する。

(4)　情報開示によって，利害関係者に対し説明責任を果たす。

(5)　企業内における命令の統一性を確保する。

(1)　　　　(2)　　　　(3)　　　　(4)　　　　(5)

問3　次の文章の空欄にあてはまる語句を解答群から選びなさい。（各4点）

　ドイツの社会学者・経済学者のウェーバーは，支配型のリーダーシップを次の三つに分類した。まずは（　①　）的支配で，たとえば選挙で選出された大統領が挙げられる。次に（　②　）的支配で，これは昔から受け継がれるしきたりによって正当化される支配のことである。最後に（　③　）的支配で，人々を惹きつける特異な能力や名声，人気などによって正当化される支配のことをいう。なお，非支配型のリーダーシップでは（　④　）・リーダーシップが代表的なものとして挙げられる。

［解答群］　ア．サーバント　　　イ．伝統　　　ウ．合法　　　エ．カリスマ

①　　　　　　②　　　　　　③　　　　　　④

問4　次の文章の下線部について，正しいときは〇を，誤っているときは解答群から正しいものを選び，記号で答えなさい。（各4点）

(1)　コンビニエンスストアや飲食店などにみられるフランチャイズ・チェーンは，<u>生産提携</u>の一例である。

(2)　<u>業界再編</u>とは，自社が保有している研究開発の成果や技術といった資源を契約によってほかの企業に提供したり，あるいは提供されたりすることである。

(3)　ほかの会社の事業部門や，株式会社の株式を買い取ることを<u>吸収合併</u>という。

(4) 特定の業務を外部に委託して外注することを，<u>アウトソーシング</u>という。

[**解答群**]　ア．販売提携　　イ．OEM供給　　ウ．買収　　エ．技術提携　　オ．新設合併

(1)　　　　　(2)　　　　　(3)　　　　　(4)

問5　次の文章を読み，問いに答えなさい。(各4点)

　企業が保有する技術情報や顧客情報など，特に管理の対象とする情報的資源を ① といい，こういった情報的資源を安全に確保することを ② という。 ② には，(a) <u>正当な権限をもった人間だけが情報的資源を利用できる状態にしておくこと</u>，(b) <u>正当な権限をもたない人間によって情報が破壊・改ざん・消去されていない状態を確保すること</u>，(c) <u>情報を使いたいときに使えるようにしておくこと</u>という3要素がある。

(1)　 ① ， ② にあてはまる用語の組み合わせとして正しいものを一つ選びなさい。

　　ア．①個人情報　②リスク・マネジメント　　イ．①情報資産　②情報セキュリティ

　　ウ．①個人情報　②情報戦略　　エ．①情報資産　②リスク・アセスメント

(2)　下線部(a)のことを何というか，次のなかから正しいものを一つ選びなさい。

　　ア．完全性　　イ．安全性　　ウ．機密性　　エ．可用性

(3)　下線部(b)のことを何というか，次のなかから正しいものを一つ選びなさい。

　　ア．完全性　　イ．安全性　　ウ．機密性　　エ．可用性

(4)　下線部(c)のことを何というか，次のなかから正しいものを一つ選びなさい。

　　ア．完全性　　イ．安全性　　ウ．機密性　　エ．可用性

問6　次の文章を読み，問いに答えなさい。(各4点)

　企業の資金に関する記録から利害関係者に公開するまでの一連の手続きを　　　　　といい，(a) <u>財務会計</u>と管理会計の二つに大別される。さらに，管理会計の効果を上げるために，企業の組織を(b) <u>工場や事務管理部門のうち原価にのみ責任をもつ部門</u>と，(c) <u>売上高と費用の両方に責任をもつ部門</u>に区分することができる。

(1)　　　　　　にあてはまる用語を何というか，次のなかから正しいものを一つ選びなさい。

　　ア．利益計画　　イ．財務管理　　ウ．企業会計

(2)　下線部(a)の目的として，次のなかから正しいものを一つ選びなさい。

　　ア．企業外部の利害関係者への報告　　イ．企業内部の経営管理目的

　　ウ．利益計画の実現化

(3)　下線部(b)を何というか，次のなかから正しいものを一つ選びなさい。

　　ア．コスト・センター　　イ．ディストリビューションセンター

　　ウ．プロフィット・センター

(4)　下線部(c)を何というか，次のなかから正しいものを一つ選びなさい。

　　ア．コスト・センター　　イ．ディストリビューションセンター

　　ウ．プロフィット・センター

[商業707]ビジネス・マネジメントワークブック

発 行 者 東京法令出版株式会社
代表者　星沢 卓也
長野市南千歳町1005番地

印 刷 者 株式会社加藤文明社
代表者　加藤 文男
東京都千代田区神田三崎町2丁目15番6号

発 行 所 東京法令出版株式会社
〒380-8688
長野市南千歳町1005番地
電話〔営業〕026(224)5411
　　　〔編集〕03(5803)3304

[商業707]

ビジネス・マネジメント ワークブック

別冊解答

東京法令出版

第1章
ビジネスとマネジメント

第1節 マネジメントの役割①
(ワークブック p.4〜5)

:::::::::::::::::: 基本問題 ::::::::::::::::::

問1　①企業　②会社法　③営利　④株主　⑤株主総会　⑥配当金　⑦株式市場

問2　(1)合同会社　(2)○　(3)1億円　(4)○　(5)株主

〜〜〜〜〜〜〜〜〜 応用問題 〜〜〜〜〜〜〜〜〜

問　①ウ　②イ　③ア　④イ

━━━━━━━━━━ 発展問題 ━━━━━━━━━━

問　(1)ウ　(2)ア　(3)イ

第1節 マネジメントの役割②
(ワークブック p.6〜7)

:::::::::::::::::: 基本問題 ::::::::::::::::::

問1　①東インド　②配当金　③公器　④経営　⑤出資　⑥専門経営者　⑦商品　⑧従業員　⑨ワーク・ライフ

問2　(1)×　(2)×　(3)○　(4)×　(5)○　(6)×

━━━━━━━━━━ 発展問題 ━━━━━━━━━━

問　(1)イ　(2)ア　(3)ウ

第1節 マネジメントの役割③
(ワークブック p.8〜9)

:::::::::::::::::: 基本問題 ::::::::::::::::::

問1　①マネジメント　②機能　③経営資源　④創業　⑤設立　⑥株式上場

問2　(1)○　(2)×　(3)×　(4)○　(5)×

〜〜〜〜〜〜〜〜〜 応用問題 〜〜〜〜〜〜〜〜〜

問　(1)ア　(2)ウ

━━━━━━━━━━ 発展問題 ━━━━━━━━━━

問　(1)ウ　(2)ウ

第1節 マネジメントの役割④
(ワークブック p.10〜11)

:::::::::::::::::: 基本問題 ::::::::::::::::::

問1　①終身雇用　②成果主義　③相互持ち合い　④メインバンク　⑤ROE

問2　(1)×　(2)×　(3)○　(4)○　(5)×　(6)○　(7)×

〜〜〜〜〜〜〜〜〜 応用問題 〜〜〜〜〜〜〜〜〜

問　(1)ウ　(2)イ

━━━━━━━━━━ 発展問題 ━━━━━━━━━━

問　(1)企業別　(2)ア　(3)イ

第2節 イノベーションの重要性①
(ワークブック p.12〜13)

:::::::::::::::::: 基本問題 ::::::::::::::::::

問1　①新結合　②創造的破壊　③ジャスト・イン・タイム　④サプライチェーン　⑤SPA　⑥POSシステム

問2　(1)×　(2)○　(3)×　(4)×

〜〜〜〜〜〜〜〜〜 応用問題 〜〜〜〜〜〜〜〜〜

問　(1)イノベーション　(2)ウ　(3)イ

━━━━━━━━━━ 発展問題 ━━━━━━━━━━

問　ウ

第2節 イノベーションの重要性②
(ワークブック p.14〜15)

:::::::::::::::::: 基本問題 ::::::::::::::::::

問1　①品ぞろえ　②リコメンド　③クイック・デリバリー　④売れ筋(売れ筋商品)　⑤ニッチ　⑥20対80

問2　(1)ロングテール　(2)○　(3)○　(4)人口　(5)高い

問3　(1)×　(2)○

〜〜〜〜〜〜〜〜〜 応用問題 〜〜〜〜〜〜〜〜〜

問　(1)ウ　(2)ア

━━━━━━━━━━ 発展問題 ━━━━━━━━━━

問　イ

お詫びと訂正

商業 707 準拠『ビジネス・マネジメント　ワークブック』に誤りがございました。お詫び申し上げますとともに，下記のように訂正してご使用いただきますよう，お願い申し上げます。

別冊解答

	該当箇所	誤	正
p.3	第1章 第2節 イノベーションの重要性③ 応用問題　問2	(1)ア	(1)イ
		解説　本冊 p.17 応用問題の問2本文において「日本法人は独立した事業体制であったため，実現することができた。」という記述が正答の根拠となるため。	
p.9	第3章 第4節 財務的資源のマネジメント④ 基本問題　問2	(3)○	(3)オプション取引
		解説　先物取引は，将来売買をおこなうことをあらかじめ約束する金融派生商品である。	
p.10	第4章 第1節 企業統治 （コーポレート・ガバナンス）② 基本問題　問2	(1)○	(1)×
		解説　監査役会を設置しなければならない株式会社は，資本金が5億円以上または負債総額が 200 億円以上の大会社かつ公開会社で，指名委員会等設置会社と監査等委員会設置会社を除いた場合となる。	
p.10	第4章 第2節 リスク・マネジメント① 基本問題　問2	(1)高い	(1)○
		解説　一般にリスクは発生可能性×影響度で算定することができ，リスクの発生可能性と影響度を予想できる度合いが低い場合，リスクは大きくなる。	

第2節 イノベーションの重要性③
(ワークブック p.16〜17)

:::::::::::::::::: **基本問題** ::::::::::::::::::
問1　①事実　②親会社　③ジレンマ
問2　(1)○　(2)×　(3)×

〜〜〜〜〜〜〜〜〜 **応用問題** 〜〜〜〜〜〜〜〜〜
問1　(1)イ　(2)イ
問2　(1)ア　(2)ア

≡≡≡≡≡≡≡≡ **発展問題** ≡≡≡≡≡≡≡≡
問　(1)85 (%)　(2)イ　(3)ジレンマ

第3節 創業者や経営者の理念①
(ワークブック p.18〜19)

:::::::::::::::::: **基本問題** ::::::::::::::::::
問1　①収益　②理念 (経営理念)　③意思
　　決定
問2　(1)○　(2)×　(3)×　(4)×　(5)○　(6)×
　　(7)×

〜〜〜〜〜〜〜〜〜 **応用問題** 〜〜〜〜〜〜〜〜〜
問　(1)ア　(2)イ

≡≡≡≡≡≡≡≡ **発展問題** ≡≡≡≡≡≡≡≡
問1　(1)ア　(2)ウ
問2　(1)イ　(2)イ

第3節 創業者や経営者の理念②
(ワークブック p.20〜21)

:::::::::::::::::: **基本問題** ::::::::::::::::::
問1　①信用　②資本主義　③道徳経済合一
　　④間接　⑤直接
問2　(1)×　(2)○　(3)×　(4)×　(5)○　(6)×
　　(7)×

〜〜〜〜〜〜〜〜〜 **応用問題** 〜〜〜〜〜〜〜〜〜
問　(1)ア　(2)イ

≡≡≡≡≡≡≡≡ **発展問題** ≡≡≡≡≡≡≡≡
問1　(1)ア　(2)イ
問2　資金

第3節 創業者や経営者の理念③
(ワークブック p.22〜23)

:::::::::::::::::: **基本問題** ::::::::::::::::::
問1　①資金　②キャッシュ・フロー　③財
　　閥 (三菱財閥)　④利益　⑤マネジメ
　　ント
問2　(1)×　(2)○　(3)×　(4)○

〜〜〜〜〜〜〜〜〜 **応用問題** 〜〜〜〜〜〜〜〜〜
問　(1)荷為替　(2)ア

≡≡≡≡≡≡≡≡ **発展問題** ≡≡≡≡≡≡≡≡
問　(1)イ　(2)ウ　(3)財閥

第4節 ビジネスにおける外部環境の影響①
(ワークブック p.24〜25)

:::::::::::::::::: **基本問題** ::::::::::::::::::
問1　①ボーダーレス　②WTO　③FTA
　　④ASEAN
問2　(1)×　(2)○

〜〜〜〜〜〜〜〜〜 **応用問題** 〜〜〜〜〜〜〜〜〜
問　(1)ア　(2)イ　(3)経営資源

≡≡≡≡≡≡≡≡ **発展問題** ≡≡≡≡≡≡≡≡
問1　(1)イ　(2)ウ
問2　(1)イ　(2)ウ　(3)イ

第4節 ビジネスにおける外部環境の影響②
(ワークブック p.26〜27)

:::::::::::::::::: **基本問題** ::::::::::::::::::
問1　①収益性　②フェアトレード
　　③SDGs　④規制改革　⑤薬剤師
問2　(1)×　(2)○　(3)×

〜〜〜〜〜〜〜〜〜 **応用問題** 〜〜〜〜〜〜〜〜〜
問　(1)フェアトレード　(2)ウ

≡≡≡≡≡≡≡≡ **発展問題** ≡≡≡≡≡≡≡≡
問1　(1)ウ　(2)ア
問2　ア

第4節 ビジネスにおける外部環境の影響③

（ワークブックp.28〜29）

∷∷∷∷∷∷∷ **基本問題** ∷∷∷∷∷∷∷

問1 ①SNS（ソーシャルネットワーキングサービス） ②個人情報 ③マーケティング ④販売促進 ⑤クラウドファンディング ⑥バンキング ⑦情報セキュリティ

問2 (1)○ (2)× (3)× (4)○ (5)○

〜〜〜〜〜 **応用問題** 〜〜〜〜〜

問 (1)ウ (2)イ (3)ウ

═══════ **発展問題** ═══════

問 (1)イ (2)ア

第4節 ビジネスにおける外部環境の影響③

（ワークブックp.30〜31）

∷∷∷∷∷∷∷ **基本問題** ∷∷∷∷∷∷∷

問1 ①高齢化率 ②超高齢化 ③少子高齢化 ④労働力人口

問2 (1)× (2)○ (3)○ (4)○ (5)× (6)×

〜〜〜〜〜 **応用問題** 〜〜〜〜〜

問 (1)ウ (2)ダイバーシティ

═══════ **発展問題** ═══════

問1 (1)ウ (2)イ

問2 ウ

═══════════
第2章
組織のマネジメント
═══════════

第1節 組織の形態①

（ワークブックp.32〜33）

∷∷∷∷∷∷∷ **基本問題** ∷∷∷∷∷∷∷

問1 ①共通 ②協働 ③コミュニケーション ④水平的 ⑤垂直的 ⑥最高 ⑦現場 ⑧中間

問2 (1)○ (2)× (3)× (4)○ (5)× (6)×

〜〜〜〜〜 **応用問題** 〜〜〜〜〜

問 ①イ ②ア ③エ ④ウ ⑤オ

═══════ **発展問題** ═══════

問 (1)中間管理者 (2)ア

第1節 組織の形態②

（ワークブックp.34〜35）

∷∷∷∷∷∷∷ **基本問題** ∷∷∷∷∷∷∷

問1 ①組織形態 ②機能別 ③事業部制 ④マトリックス

問2 (1)○ (2)× (3)× (4)○

〜〜〜〜〜 **応用問題** 〜〜〜〜〜

問 ①マトリックス ②事業部制 ③機能別

═══════ **発展問題** ═══════

問 (1)ウ (2)事業部制（組織）

第1節 組織の形態③

（ワークブックp.36〜37）

∷∷∷∷∷∷∷ **基本問題** ∷∷∷∷∷∷∷

問1 ①ライン ②スタッフ ③ライン・アンド・スタッフ ④分権化 ⑤カンパニー制 ⑥セル生産 ⑦専門化 ⑧統制範囲適正化

問2 (1)× (2)○ (3)× (4)× (5)× (6)○

問3 (1)○ (2)事業部制 (3)ファヨール（アンリ・ファヨール） (4)○

〜〜〜〜〜 **応用問題** 〜〜〜〜〜

問1 ア

問2 イ

═══════ **発展問題** ═══════

問 ア

第1節 組織の形態④

（ワークブックp.38〜39）

∷∷∷∷∷∷∷ **基本問題** ∷∷∷∷∷∷∷

問1 ①命令統一性 ②権限 ③責任の一致 ④組織文化 ⑤自由裁量 ⑥権威主義的リーダーシップ

問2 (1)○ (2)× (3)○ (4)× (5)× (6)○ (7)× (8)○

問　ウ

問1　エ
問2　ア

第2節 経営理念と経営戦略①
（ワークブックp.40～41）

問1　①経営理念　②ステークホルダー
　　③経営目標　④経営方針　⑤経営行動
　　基準
問2　(1)×　(2)×　(3)×　(4)×　(5)○　(6)○

問1　(1)エ　(2)ア
問2　ウ

問1　ア
問2　ウ

第2節 経営理念と経営戦略②
（ワークブックp.42～43）

問1　(1)×　(2)×　(3)×　(4)○　(5)×　(6)○
　　(7)×　(8)○　(9)×

問　イ

問1　(1)商標登録　(2)イ
問2　イ

第2節 経営理念と経営戦略③
（ワークブックp.44～45）

問1　①経営戦略　②フレームワーク
　　③PEST　④電子決済　⑤SWOT
問2　(1)×　(2)×　(3)×　(4)○　(5)○　(6)×

問　(1)①カ　②ウ　③オ　④ア　(2)SWOT
　　分析

問　ア

第2節 経営理念と経営戦略④
（ワークブックp.46～47）

問1　①総売上高　②市場占有率　③新規参
　　入　④交渉力　⑤コスト・リーダー
　　シップ　⑥差別化　⑦集中　⑧ブ
　　ルー・オーシャン
問2　(1)×　(2)○　(3)×

問　①オ　②ウ　③カ　④イ　⑤キ　⑥エ
　　⑦ア

問1　イ
問2　イ

第3節 企業間連携と事業構造の再構築①
（ワークブックp.48～49）

問1　①企業間連携　②業務提携　③シナ
　　ジー効果　④生産提携　⑤OEM供給
　　⑥販売提携　⑦技術提携
問2　(1)○　(2)×　(3)×　(4)○

問　(1)ア　(2)イ

問　ウ

第3節 企業間連携と事業構造の再構築②
（ワークブックp.50～51）

問1　①資本提携　②出資比率　③M&A
　　④規模の拡大　⑤多角化　⑥買収
問2　(1)○　(2)×　(3)○　(4)×　(5)×　(6)○

(7)×

――――――― 応 用 問 題 ―――――――
問　ウ

――――――― 発 展 問 題 ―――――――
問1　イ
問2　イ

第3節 企業間連携と事業構造の再構築③
（ワークブックp.52〜53）
――――――― 基 本 問 題 ―――――――
問1　①吸収　②新設　③PMI　④持株会
　　　社　⑤規模　⑥範囲
問2　(1)○　(2)×　(3)○　(4)×　(5)×　(6)×
　　　(7)○　(8)×

――――――― 応 用 問 題 ―――――――
問　(1)吸収合併　(2)ア

――――――― 発 展 問 題 ―――――――
問1　イ
問2　ウ

第3章
経営資源のマネジメント

第1節 経営資源の種類と最適化
（ワークブックp.54〜55）
――――――― 基 本 問 題 ―――――――
問1　①有体物　②資金　③情報的資源
　　　④競争優位　⑤競争優位性
問2　(1)○　(2)×　(3)○　(4)○　(5)×　(6)○

――――――― 応 用 問 題 ―――――――
問1　(1)エ　(2)ア
問2　(1)ア　(2)ア

――――――― 発 展 問 題 ―――――――
問　経営資源

第2節 人的資源のマネジメント①
（ワークブックp.56〜57）
――――――― 基 本 問 題 ―――――――
問1　①採用　②一括採用　③就業規則
　　　④正規雇用　⑤非正規雇用　⑥人件費
問2　(1)×　(2)×　(3)○　(4)×　(5)○　(6)×
　　　(7)○

――――――― 応 用 問 題 ―――――――
問1　(1)イ　(2)ウ　(3)雇用契約（労働契約）
問2　有期雇用労働者
問3　求人票

――――――― 発 展 問 題 ―――――――
問　ア

第2節 人的資源のマネジメント②
（ワークブックp.58〜59）
――――――― 基 本 問 題 ―――――――
問1　①ジョブローテーション　②適性
　　　③社内昇進　④研修　⑤OJT　⑥Off-
　　　JT　⑦自己啓発
問2　(1)○　(2)OJT　(3)能力開発　(4)長期
　　　(5)ジェネラリスト

――――――― 応 用 問 題 ―――――――
問　①エ　②ア　③イ　④ウ

――――――― 発 展 問 題 ―――――――
問　(1)ウ　(2)ウ

第2節 人的資源のマネジメント③
（ワークブックp.60〜61）
――――――― 基 本 問 題 ―――――――
問1　①雇用調整　②数量調整　③時間調整
　　　④成果主義　⑤職能給
問2　(1)時間調整　(2)○　(3)○　(4)○　(5)労
　　　働契約法

――――――― 応 用 問 題 ―――――――
問　(1)イ　(2)ウ

――――――― 発 展 問 題 ―――――――
問　(1)終身雇用　(2)ウ　(3)ウ

第2節 人的資源のマネジメント④
（ワークブックp.62〜63）

:::::::::::: **基 本 問 題** :::::::::::::
問1 ①個別的 ②労働組合 ③企業 ④団体交渉 ⑤福利厚生 ⑥社会 ⑦法定外福利
問2 (1)個別的 (2)企業別 (3)雇い止め (4)◯ (5)労働保険

〜〜〜〜〜 **応 用 問 題** 〜〜〜〜〜
問 ①ウ ②イ ③ア ④エ

═════ **発 展 問 題** ═════
問1 企業
問2 ウ
問3 福利厚生

第2節 人的資源のマネジメント⑤
（ワークブックp.64〜65）

:::::::::::: **基 本 問 題** :::::::::::::
問1 ①累進課税 ②源泉徴収 ③地方税 ④特別徴収 ⑤ダイバーシティ
問2 (1)× (2)× (3)◯ (4)× (5)◯ (6)×

〜〜〜〜〜 **応 用 問 題** 〜〜〜〜〜
問 (1)イ (2)ア (3)ウ

═════ **発 展 問 題** ═════
問1 ア
問2 イ

第2節 人的資源のマネジメント⑥
（ワークブックp.66〜67）

:::::::::::: **基 本 問 題** :::::::::::::
問1 ①行動様式 ②コンフリクト ③仕事 ④ウェーバー（マックス・ウェーバー） ⑤合法 ⑥伝統 ⑦カリスマ ⑧サーバント
問2 (1)◯ (2)◯ (3)×

〜〜〜〜〜 **応 用 問 題** 〜〜〜〜〜
問1 ①イ ②エ ③ア ④ウ
問2 (1)ウ (2)ア

第2節 人的資源のマネジメント⑦
（ワークブックp.68〜69）

:::::::::::: **基 本 問 題** :::::::::::::
問1 ①タスク ②科学的管理法 ③管理過程理論 ④ホーソン ⑤組織均衡論 ⑥貢献
問2 (1)◯ (2)× (3)× (4)◯

〜〜〜〜〜 **応 用 問 題** 〜〜〜〜〜
問 ①ウ ②ア

═════ **発 展 問 題** ═════
問 (1)ア (2)ウ

第2節 人的資源のマネジメント⑧
（ワークブックp.70〜71）

:::::::::::: **基 本 問 題** :::::::::::::
問1 ①モラール ②マズロー（アブラハム・マズロー） ③5S ④動機づけ ⑤衛生 ⑥自己申告
問2 (1)モラール (2)整理 (3)◯ (4)衛生要因 (5)◯

〜〜〜〜〜 **応 用 問 題** 〜〜〜〜〜
問 ①エ ②イ ③オ

═════ **発 展 問 題** ═════
問1 イ
問2 ウ
問3 ウ

第3節 物的資源のマネジメント①
（ワークブックp.72〜73）

:::::::::::: **基 本 問 題** :::::::::::::
問1 ①ロット ②連続 ③規模 ④個別 ⑤フォード ⑥かんばん
問2 (1)× (2)◯ (3)◯ (4)× (5)×

〜〜〜〜〜 **応 用 問 題** 〜〜〜〜〜
問 (1)ウ (2)ア (3)イ

═════ **発 展 問 題** ═════
問1 ウ
問2 ア

第3節 物的資源のマネジメント②

::::::::::::::: 基本問題 :::::::::::::::

問1　①仕入原価　②マテリアルフローコスト　③リコール　④製造物責任　⑤PERT　⑥PL　⑦クリティカルパス

問2　(1)×　(2)○　(3)×

〜〜〜〜〜 応用問題 〜〜〜〜〜

問　(1)イ　(2)ア

═══════ 発展問題 ═══════

問1　ウ

問2　イ

問3　ア

第3節 物的資源のマネジメント③

::::::::::::::: 基本問題 :::::::::::::::

問1　①排他的　②選択的　③開放的　④トランスファー　⑤ディストリビューション　⑥流通加工　⑦安全

問2　(1)ダブルビン　(2)○　(3)○　(4)ピッキング　(5)○

〜〜〜〜〜 応用問題 〜〜〜〜〜

問　(1)ア　(2)ウ

═══════ 発展問題 ═══════

問1　ア

問2　ア

問3　経済的発注量

第3節 物的資源のマネジメント④

::::::::::::::: 基本問題 :::::::::::::::

問1　①原料　②３Ｍ　③品質　④コスト　⑤納期　⑥PDCA

問2　(1)×　(2)×　(3)○　(4)○　(5)×

〜〜〜〜〜 応用問題 〜〜〜〜〜

問　(1)イ　(2)イ　(3)ア

═══════ 発展問題 ═══════

問1　ウ

問2　ウ

第4節 財務的資源のマネジメント①

::::::::::::::: 基本問題 :::::::::::::::

問1　①収益性　②財務管理　③企業会計　④財務会計　⑤管理会計　⑥コスト　⑦プロフィット

問2　(1)企業価値　(2)複式簿記　(3)○　(4)○　(5)利益管理

〜〜〜〜〜 応用問題 〜〜〜〜〜

問1　(1)ウ　(2)複式　(3)イ

問2　ア

═══════ 発展問題 ═══════

問　財務諸表

第4節 財務的資源のマネジメント②

::::::::::::::: 基本問題 :::::::::::::::

問1　①予算　②計画　③統制　④販売数量　⑤販売価格

問2　(1)財務的資源　(2)○　(3)トップダウン型　(4)○　(5)○

〜〜〜〜〜 応用問題 〜〜〜〜〜

問1　(1)ウ　(2)イ

問2　ウ

═══════ 発展問題 ═══════

問1　イ

問2　イ

第4節 財務的資源のマネジメント③

::::::::::::::: 基本問題 :::::::::::::::

問1　①設備　②運転　③直接　④間接　⑤ファクタリング　⑥内部留保（社内留保）　⑦フィンテック

問2　(1)配当金　(2)間接金融　(3)低く　(4)ブロックチェーン　(5)○

応用問題

問 (1)ウ (2)ア (3)ウ

発展問題

問1 ウ
問2 ウ

第4節 財務的資源のマネジメント④

(ワークブックp.86~87)

基本問題

問1 ①普通 ②定期 ③当座 ④投資信託 ⑤金融派生商品(デリバティブ) ⑥ポートフォリオ
問2 (1)○ (2)リスク資産 (3)○ (4)プットオプション (5)○

応用問題

問 ①ウ ②イ ③ア

発展問題

問1 先物取引
問2 ウ
問3 投資信託

第4節 財務的資源のマネジメント⑤

(ワークブックp.88~89)

基本問題

問1 ①収益性 ②自己資本利益率 ③成長性 ④売上高成長率 ⑤安全性 ⑥流動比率
問2 (1)売上高 (2)○ (3)○ (4)労働生産性 (5)○

応用問題

問1 (1)7 % (2)10% (3)125%
問2 イ

発展問題

問1 イ
問2 ア
問3 イ
問4 イ

第5節 情報的資源のマネジメント①

(ワークブックp.90~91)

基本問題

問1 ①情報化社会 ②ロボティック・プロセス・オートメーション ③RFID ④サプライチェーン
問2 (1)× (2)○ (3)○ (4)× (5)× (6)○ (7)× (8)○

応用問題

問 (1)イ (2)イ

発展問題

問1 ウ
問2 イ

第5節 情報的資源のマネジメント②

(ワークブックp.92~93)

基本問題

問1 ①知的財産 ②ブランド ③信用 ④地域団体商標
問2 (1)× (2)○ (3)× (4)× (5)× (6)○ (7)×

応用問題

問 (1)イ (2)ア

発展問題

問1 知的財産権
問2 ア

第5節 情報的資源のマネジメント③

(ワークブックp.94~95)

基本問題

問1 ①情報セキュリティマネジメント ②機密性 ③完全性 ④可用性 ⑤クラウド ⑥情報戦略 ⑦情報資源管理
問2 (1)情報的資源 (2)完全性 (3)○ (4)○ (5)情報資産

応用問題

問1 ①エ ②オ ③ア ④ウ ⑤イ
問2 (1)ア (2)ウ

═══════ 発展問題 ═══════

問　ウ

第5節 情報的資源のマネジメント④
（ワークブックp.96〜97）

:::::::::::::: 基本問題 ::::::::::::::

問1　①個人情報保護　②電子商取引　③プロモーション（販売促進）　④サジェスト　⑤BI

問2　(1)個人情報保護法　(2)○　(3)BIツール　(4)○　(5)サジェスト

〰〰〰〰〰 応用問題 〰〰〰〰〰

問　(1)イ　(2)ウ

═══════ 発展問題 ═══════

問　電子商取引

第4章
企業の秩序と責任

第1節 企業統治（コーポレート・ガバナンス）①
（ワークブックp.98〜99）

:::::::::::::: 基本問題 ::::::::::::::

問1　①企業統治（コーポレート・ガバナンス）　②粉飾決算　③経営破綻　④情報開示（ディスクロージャー）　⑤内部統制システム　⑥統制

問2　(1)×　(2)○　(3)×　(4)○　(5)×　(6)×　(7)○　(8)×

〰〰〰〰〰 応用問題 〰〰〰〰〰

問　(1)イ　(2)環境報告書　(3)イ

═══════ 発展問題 ═══════

問　ウ

第1節 企業統治（コーポレート・ガバナンス）②
（ワークブックp.100〜101）

:::::::::::::: 基本問題 ::::::::::::::

問1　①監査役　②監査委員会　③報酬委員会　④指名委員会　⑤社外取締役　⑥監査等委員会

問2　(1)○　(2)○　(3)×　(4)○　(5)×　(6)○

---

(7)×　(8)×

〰〰〰〰〰 応用問題 〰〰〰〰〰

問　①株主総会　②監査　③報酬　④指名

═══════ 発展問題 ═══════

問　(1)ウ　(2)イ

第2節 リスク・マネジメント①
（ワークブックp.102〜103）

:::::::::::::: 基本問題 ::::::::::::::

問1　①リスク　②自然災害　③カントリー

問2　(1)高い　(2)外的要因によるリスク　(3)格付機関　(4)カントリー・リスク

問3　(1)○　(2)×　(3)○　(4)×

〰〰〰〰〰 応用問題 〰〰〰〰〰

問　(1)ウ　(2)ア

═══════ 発展問題 ═══════

問　(1)ウ　(2)イ　(3)ウ

第2節 リスク・マネジメント②
（ワークブックp.104〜105）

:::::::::::::: 基本問題 ::::::::::::::

問1　①財務　②信用　③市場　④為替　⑤品質　⑥情報資産　⑦法務　⑧労務

問2　(1)×　(2)×　(3)○　(4)○　(5)×　(6)×

〰〰〰〰〰 応用問題 〰〰〰〰〰

問　(1)営業秘密　(2)ウ　(3)イ

═══════ 発展問題 ═══════

問1　ハラスメント
問2　ウ

第2節 リスク・マネジメント③
（ワークブックp.106〜107）

:::::::::::::: 基本問題 ::::::::::::::

問1　①リスク・マネジメント　②リスクアセスメント　③回避　④軽減　⑤移転　⑥受容

問2　(1)×　(2)○　(3)×　(4)○　(5)○

〰〰〰〰〰〰 **応 用 問 題** 〰〰〰〰〰〰
問1 ①リスク対応 ②有効性 ③改善
問2 ①ウ ②イ ③エ ④ア

═══════ **発 展 問 題** ═══════
問 (1)ウ (2)ア

◆第**2**節 **リスク・マネジメント④**
(ワークブックp.108〜109)
∷∷∷∷∷∷ **基 本 問 題** ∷∷∷∷∷∷
問1 ①事業継続計画 ②社会保険（公的保険） ③個人保険 ④火災保険 ⑤運送保険 ⑥海上保険 ⑦盗難保険 ⑧賠償責任保険
問2 (1)× (2)○ (3)○ (4)× (5)○ (6)× (7)×

〰〰〰〰〰〰 **応 用 問 題** 〰〰〰〰〰〰
問1 ①ウ ②ア ③イ
問2 ①イ ②ウ ③ア

═══════ **発 展 問 題** ═══════
問 (1)イ (2)ウ

◆第**3**節 **企業の社会的責任①**
(ワークブックp.110〜111)
∷∷∷∷∷∷ **基 本 問 題** ∷∷∷∷∷∷
問1 ①グリーン調達 ②環境マネジメント ③持続可能 ④共通価値の創造 ⑤エシカル消費
問2 (1)× (2)○ (3)○ (4)○

〰〰〰〰〰〰 **応 用 問 題** 〰〰〰〰〰〰
問 (1)イ (2)イ

═══════ **発 展 問 題** ═══════
問 (1)イ (2)ウ

◆第**3**節 **企業の社会的責任②**
(ワークブックp.112〜113)
∷∷∷∷∷∷ **基 本 問 題** ∷∷∷∷∷∷
問1 (1)社会的責任 (2)企業倫理 (3)アカウンタビリティ (4)コンプライアンス (5)公益通報者保護 (6)メセナ (7)フィ

ランソロピー ⑧IR（インベスター・リレーションズ）
問2 (1)× (2)○ (3)× (4)○

〰〰〰〰〰〰 **応 用 問 題** 〰〰〰〰〰〰
問1 ①エ ②イ ③ア ④ウ
問2 メセナ

═══════ **発 展 問 題** ═══════
問 (1)ア (2)ア

┌─────────────────┐
│ 第**5**章 │
│ **ビジネスの創造と展開** │
└─────────────────┘

◆第**1**節 **ビジネスの創造の意義と課題**
(ワークブックp.114〜115)
∷∷∷∷∷∷ **基 本 問 題** ∷∷∷∷∷∷
問1 ①ソーシャルビジネス ②差別化 ③ビジネスアイデア ④ビジネスプラン ⑤ビジネスモデル ⑥コンセプト（事業コンセプト） ⑦スクリーニング
問2 (1)○ (2)○ (3)× (4)× (5)○

〰〰〰〰〰〰 **応 用 問 題** 〰〰〰〰〰〰
問 エ→ウ→イ→オ→ア

═══════ **発 展 問 題** ═══════
問 (1)イ (2)ビジネスアイデア (3)イ (4)ア

◆第**2**節 **プロジェクト管理**
(ワークブックp.116〜117)
∷∷∷∷∷∷ **基 本 問 題** ∷∷∷∷∷∷
問1 ①プロジェクト ②KJ法 ③マスター ④期限 ⑤進捗報告書 ⑥予算 ⑦事後評価
問2 (1)○ (2)目的 (3)進捗報告書 (4)品質管理（品質マネジメント） (5)○

〰〰〰〰〰〰 **応 用 問 題** 〰〰〰〰〰〰
問1 ア
問2 品質管理
問3 ウ

問　ア

第3節 起業の意義と手続き①
（ワークブックp.118〜119）

:::::::::::::: 基本問題 ::::::::::::::
問1　①企業家　②企業家精神　③ベンチャーキャピタル　④中小企業等経営強化　⑤インキュベーション　⑥日本政策金融公庫　⑦信用保証協会　⑧中小企業基盤整備機構
問2　(1)イノベーション　(2)TLO　(3)○　(4)日本政策　(5)○

〜〜〜〜 応用問題 〜〜〜〜
問　エ

━━━━━ 発展問題 ━━━━━
問　(1)イ　(2)イ

第3節 起業の意義と手続き②
（ワークブックp.120〜121）

:::::::::::::: 基本問題 ::::::::::::::
問1　①発起設立　②募集設立　③商号　④絶対的記載　⑤公証人　⑥登記　⑦広告モデル　⑧フリーミアムモデル
問2　(1)○　(2)○　(3)○　(4)×　(5)×

〜〜〜〜 応用問題 〜〜〜〜
問　(1)イ　(2)ウ

━━━━━ 発展問題 ━━━━━
問1　(1)ウ　(2)募集設立
問2　ア

第1回 実力確認テスト
（ワークブックp.122〜123）
問1　(1)エ　(2)ウ　(3)イ　(4)ア　(5)オ
問2　(1)A　(2)B　(3)B　(4)A　(5)A
問3　①イ　②ウ　③ア
問4　(1)○　(2)ア　(3)オ　(4)イ　(5)ウ
問5　(1)イ　(2)イ　(3)ア　(4)ウ
問6　(1)ア　(2)イ　(3)エ

第2回 実力確認テスト
（ワークブックp.124〜125）
問1　(1)エ　(2)オ　(3)イ　(4)ア　(5)ウ
問2　(1)B　(2)A　(3)B　(4)A　(5)B
問3　①ウ　②オ　③イ　④ア　⑤エ
問4　(1)○　(2)オ　(3)イ　(4)○　(5)○
問5　(1)ウ　(2)ア　(3)ウ　(4)ア　(5)ウ

第3回 実力確認テスト
（ワークブックp.126〜127）
問1　(1)ウ　(2)ア　(3)エ　(4)イ
問2　(1)A　(2)A　(3)B　(4)A　(5)B
問3　①ウ　②イ　③エ　④ア
問4　(1)ア　(2)エ　(3)ウ　(4)○
問5　(1)イ　(2)ウ　(3)ア　(4)エ
問6　(1)ウ　(2)ア　(3)ア　(4)ウ

B2XKB